Ces Latins des Carpathes
Preuves de la continuité roumaine
au nord du Danube

Alain Ruzé

Ces Latins des Carpathes

Preuves de la continuité roumaine
au nord du Danube

avec une préface de

M. G.-A. Chevallaz

Ancien Conseiller Fédéral
Ancien Président de la Confédération Helvétique

PETER LANG
Berne · Francfort s. Main · New York · Paris

CIP-Titelaufnahme der Deutschen Bibliothek

Ruzé, Alain:
Ces Latins des Carpathes: preuves de la continuité roumaine au nord du Danube / Alain Ruzé. Avec une préf. de M. G.-A. Chevallaz. – Berne; Francfort s. Main; New York; Paris: Lang, 1989
   ISBN 3-261-04111-0

© Editions Peter Lang SA, Berne 1989
Successeur des Editions
Herbert Lang & Cie SA, Berne

Tous droits réservés.
Réimpression ou reproduction interdite par n'importe quel procédé, notamment par microfilm, xérographie, microfiche, microcarte, offset, etc.

Impression: Weihert-Druck GmbH, Darmstadt (RFA)

A mon épouse

<u>Le peuple roumain fut engendré sous le signe du loup, c'est-à-dire prédestiné aux guerres, aux invasions</u>.

Mircea Eliade

<u>Rien n'est plus près de l'homme que la langue qui est la sienne</u>.

Jean d'Ormesson

TABLE DES MATIERES

Préface de M. G.-A. CHEVALLAZ, ancien Conseiller Fédéral, ancien Président de la Confédération Helvétique 9

Introduction 11

Livre I

La Dacie romaine. Témoignages d'écrivains de l'Antiquité .. 17

Chapitre 1

Les Daces ont-ils disparu ? 19

Chapitre 2

Le retrait des légions romaines 29

Livre II

Arguments linguistiques 35

Chapitre 1

Le roumain et les autres langues romanes 37

Chapitre 2

Rapports entre le roumain et l'albanais 43

Chapitre 3

Rapports entre le roumain et les langues slaves 51

Chapitre 4

Absence d'éléments germaniques dans la langue roumaine ... 53

Chapitre 5

Vocabulaire agricole et pastoral 57

Chapitre 6

Vocabulaire religieux 63

Livre III

Arguments toponymiques 65

Livre IV

Arguments archéologiques 77

Chapitre 1

Les Géto-Daces avant la conquête romaine 79

Chapitre 2

Un cas spécifique : la Dobroudja 83

Chapitre 3

Preuves de la continuité dace (après l'occupation de la Dacie par les Romains) 89

Chapitre 4

Preuves de la continuité daco-romaine (après le retrait des légions romaines) 95

Chapitre 5

Christianisation de la Dacie 103

Chapitre 6

De la romanisation à la roumanisation (VIe-XIe siècles) ...109

Livre V

Continuité des institutions socio-politiques 115

Livre VI
    Les sources médiévales et la continuité roumaine 125
Bibliographie 137

PREFACE

A moins qu'il ne renonce à son existence, un peuple ne renie pas son histoire. C'est l'histoire qui, à travers les siècles, forge son identité, trempe son coeur et son âme. L'histoire lui maintient l'espérance et la volonté de survivre dans les temps de servitude. Elle lui permet de maîtriser sa liberté quand celle-ci lui est rendue, en tirant du passé une vocation de continuité spirituelle en même temps que politique, en le gardant, à l'égard de ses voisins, ou des minorités qui l'habitent, de tout esprit de domination et d'oppression. Loin d'être la mémoire d'un long contentieux - ce qu'elle a été trop souvent - l'histoire doit enseigner à dépasser les querelles et chercher, dans le passé, les arguments d'une coexistence pacifique et cordiale, dans le respect mutuel des identités.

L'histoire de la Roumanie est le témoignage frappant d'un peuple qui a su, dans les conditions les plus difficiles, dans un pays perméable aux invasions et aux migrations, convoité par les conquérants voisins pour sa situation et pour les richesses de son sol, conserver son identité daco-romaine et sa fidélité chrétienne, maintenir sa latinité dans un isolement total, au milieu des langues slaves, hongroise, grecque et turque. Passent les Goths et les Huns, les Slaves, la domination hongroise, les Chevaliers teutoniques, l'Empire turc, la monarchie autrichienne : déplacés, opprimés, les Roumains survivent, sauvegardent leur langue, leur civilisation, leur église, parfois leurs princes, avant d'atteindre en 1878 leur indépendance, que les turbulences, les idéologies et l'esprit d'hégémonie du XXe siècle mettent en cause, sans détruire la volonté d'existence du peuple roumain.

L'ouvrage méthodique d'Alain Ruzé démontre, en ses origines et en sa substance, le caractère authentique de la civilisation daco-roumaine, renforçant pour nos pays latins des liens de parenté, une amitié et une estime à la mesure des vicissitudes du peuple roumain et de son ardeur à vivre quand même.

G.-A. CHEVALLAZ

Ancien Conseiller Fédéral
Ancien Président de la
Confédération Helvétique

Introduction

Romain, romand, roumain. Ce n'est naturellement pas sans raison que ces trois appellatifs sont proches. Ceux qui ont la chance de séjourner à Rome devraient méditer sur ce que fut la Romania en regardant, près du Colisée, la carte murale de l'Empire romain. Tout comme au Portugal, en Espagne, en France, en Italie ou en Suisse, des Latins existent dans cet espace compris entre les Carpathes, le Danube (l'Ister d'Hérodote) et la Mer Noire (le Pont-Euxin des Grecs).

Ces Roumains sont nos cousins. Il suffit de voir un texte roumain, d'entendre parler le roumain pour que cette évidence éclate; entre le visage d'un paysan roumain et celui d'un paysan italien, la différence est-elle si grande ?

La romanité orientale est trop souvent oubliée, noyée qu'elle est dans l'océan slavophone et ayant sur ses frontières occidentales, un monde hongrois, finno-ougrien. Cet isolement s'explique par les multiples invasions qui ont démembré l'Empire romain et entraîné l'assimilation linguistique du stratum latin du centre et de l'est de l'Europe; seul, le latin de Dacie a survécu.

****

Vers 2000 avant J.-C., les Thraces s'étaient établis sur un vaste territoire, de la Pannonie au Dniepr et de la Vistule jusqu'au Mont Olympe. Divisés en plusieurs groupes - le plus important étant celui des Géto-Daces - ils vivaient de l'agriculture, de la viticulture, de l'élevage, de l'exploitation des mines. C'étaient des guerriers réputés qui n'hésitèrent pas à s'opposer au passage des armées perses de Darius, au VIe siècle avant J.-C., dans l'actuelle Dobroudja ou à fonder, au temps de César, sous l'égide de Burebista, le plus grand des rois de Thrace, un immense Etat centralisé qui allait jusqu'en Bohême.

Les guerres étaient incessantes entre les Daces et les Romains. Pour des raisons stratégiques, politiques et économiques, (la Dacie était fabuleusement riche d'or, de sel, etc.), l'Empereur Trajan franchit le Danube en 101 après J.-C., mais ce ne fut qu'en 106 que tomba Sarmizegetusa, la capitale dacique aux mystérieux sanctuaires, que mourut le fier Décébale, roi des Daces et que fut conquise la Dacie (en fait, seulement une partie).

Transformée en province romaine où s'installèrent de nombreux colons venus de tout le monde romain, la Dacie vit s'intensifier la romanisation et aux Daces succédèrent les Daco-Romains. Cependant, les invasions barbares (Goths, Sarmates, etc.) obligèrent l'Empereur Aurélien à rapatrier, vers 271, au sud du Danube, l'administration et l'armée impériales - mais uniquement celles-ci; la population civile daco-romaine resta, quant à elle, au nord du fleuve. Toutefois, comme le montrent des trouvailles archéologiques, la romanisation fut encore active, sur la rive gauche du Danube, au moins jusqu'au Ve siècle ce qui permettra l'assimilation des Slaves dans cette contrée devenue entièrement romane.

Lors de l'arrivée des Huns, en 375, la population urbaine était romanisée et celle rustique en voie de l'être; la disparition des villes contraignit les citadins à se réfugier dans des lieux plus protégés où ils devinrent des vecteurs de la romanisation et de la christianisation auprès des ruraux.

Porte de la route vers Rome et Constantinople, la Dacie dut subir la forte invasion slave du VIe siècle. La défaite de l'Empereur Maurice Tibère, en 602, entraîna l'implantation des Slaves dans la péninsule balkanique et la dislocation du continuum ethno-linguistique de la Romania danubienne. Au nord du Danube, le brassage entre le sermo urbanus et le sermo rusticus (langue des autochtones déjà romanisés, ou encore bilingues daco-latin) et le dace permit l'évolution du daco-roman au protoroumain; la période de formation de celui-ci se situe entre le Ve et le VIIIe siècles, prélude à la cristallisation (VIIIe-IXe siècles) ethno-linguistique, politique et culturelle des Roumains. Ceux-ci n'étaient nullement des nomades, mais bel et bien des sédentaires ainsi que l'attestent des fouilles en Transylvanie, en Moldavie, en Olténie, en Monténie et en Dobroudja.

L'approche de l'an 1000 fut marquée par la constitution d'une hiérarchie féodale roumaine. Le Notaire Anonyme du roi Béla de Hongrie confirme d'ailleurs que les Magyars, lors de l'invasion de la Transylvanie, se sont heurtés à la résistance des "ducs" roumains Gelu, Glad et Menumorut. Les centres fortifiés, tels ceux de Dăbîca - la citadelle de Gelu - de Glogovetz et de Slon prouvent que les Roumains étaient présents au nord du Danube aux IXe-Xe siècles et qu'ils vivaient dans une société de type féodal, aussi bien dans la zone extra-carpathique qu'à l'intérieur de ce qui sera, au XIIe siècle, le voévodat de Transylvanie.

****

Dans l'aire carpatho-istro-pontique, sédentaires étaient les Géto-Daces, tribus thraces, sédentaires étaient les Daco-Romains et sédentaires étaient les Roumains. Sans interruption aucune, ils ont habité sur leur territoire, depuis des temps immémoriaux, en Transylvanie, en Crisana, au Maramures, au Banat, en Moldavie, en Bucovine, en Bessarabie, en Olténie, en Monténie, en Dobroudja.

Nous avons fêté, au demeurant, l'année dernière, le 70ème anniversaire de la Grande Roumanie. C'est, en effet, le 9 avril 1918, que le Conseil national des Roumains de Bessarabie, le 20 novembre 1918, que le Congrès national des Roumains de Bucovine et le 1er décembre 1918, que la Grande Assemblée des Roumains de Transylvanie et de Hongrie, proclamèrent leur union avec la Roumanie.

Il importait de rendre à nos cousins de Roumanie cette justice; ils sont latins, fils des Daces et des Daco-Romains et n'ont jamais abandonné leurs terres au nord du Danube.

****

Il est à noter que jusqu'au XVIIe siècle, nul n'a mis en doute l'origine daco-romaine des Roumains ou leur présence permanente sur leur espace historique.

En 1593, parut l'anthologie de Samoscius (S. Szamosközy), <u>Analecta lapidum vetustorum et nonnullorum in Dacia Antiquitatum</u>, où l'on ne décelait, concernant la romanité des Roumains, aucune nouveauté par rapport aux opinions formulées par les humanistes (1); quelques années s'écoulèrent jusqu'à ce que la lecture de l'<u>Histoire Auguste</u> révéla à Samoscius que cet ouvrage attribuait à l'Empereur Gallien l'idée de transférer la province de Dacie au sud du Danube. Cette thèse provoqua, en son temps, une certaine sensation et quelques auteurs la reprirent, notamment parce qu'elle permettait de légitimer la domination magyare en Transylvanie; mais, la plupart des historiens contemporains de Samoscius - tout comme ceux des générations suivantes - ont considéré évidente la continuité daco-romaine.

En 1781, l'Empereur d'Autriche Joseph II, par l'Edit de tolérance, reconnut l'égalité des Roumains et des autres "nations" de Transylvanie (Hongrois, Saxons, Sicules). Les oppositions des privilégiés, les rebellions des paysans roumains en 1784, les amples mouvements revendicatifs et nationaux des Roumains, assurèrent un contexte favorable à la théorie - à partir du livre de F.-J. Sulzer (2) - de l'abandon de la Dacie, de l'ethnogénèse des Roumains au sud du Danube et de leur réinstallation au nord de ce fleuve à peine à la fin du XIIe siècle et au cours du XIIIe siècle. Cette oeuvre ne trouva pas un écho direct dans la littérature historique de l'époque, mais servit de base à l'étude polémique de J.-C. Eder, à laquelle répondit le célèbre mémoire des Roumains de Transylvanie, <u>Supplex Libellus Valachorum</u> (3). La volonté de démontrer le manque de fondement des réclamations roumaines incita J.-C. Eder à écrire 59 "notes critiques" qui allaient constituer l'essence de la "vision migrationniste" à propos des Roumains.

Quoique combattues par les fondateurs de l'histoire critique

13

roumaine, S. Micu, P. Maior et d'autres (4), avec les arguments dont disposait à l'époque la science historique, les conceptions des adversaires de la continuité furent érigées en doctrine officielle destinée à justifier le fait que les Roumains transylvains se voyaient privés de droits; elles furent adoptées, non pas tant par les historiens - grand nombre d'entre eux, surtout les Saxons, les critiquèrent à juste raison (5) - que par la Diète de Cluj composée des représentants des trois "nations".

Le chancelier aulique de Transylvanie, S. Teleki, protecteur de J.-C. Eder, reconnaissait pourtant que les Roumains étaient les plus anciens habitants de la Transylvanie, mais il les considérait soumis aux Hongrois de par le droit de l'épée et, par conséquent, inférieurs aux "nations".

Le monde lettré de la fin du XVIIIe siècle et du début du XIXe siècle ne partagea pas unanimement l'opinion de J.-C. Eder; au contraire, la continuité des Roumains s'imposa aux savants en contact direct avec les documents historiques. Ainsi J. Kémény, éditeur renommé de documents médiévaux et auteur d'un opuscule sur l'institution du cnézat en Transylvanie, constata que les Roumains précédèrent les Hongrois dans ces contrées et que, après 1200, lorsque la couronne hongroise entreprit d'organiser la Transylvanie, des régions étendues de cette province appartenaient encore aux Roumains.

Tout au long du siècle dernier, les historiens et les historiographes roumains (P. Maior, N. Balcescu, M. Kogălniceanu, D. Onciul, A.-D. Xenopol, etc.) travaillèrent à accumuler les preuves de l'existence ininterrompue des Roumains dans leur espace ancestral. Aussi, quand R. Roesler (6) tenta, en 1871, d'accréditer l'idée que les Roumains étaient les derniers arrivés en Transylvanie et, qu'en conséquence, ils ne pouvaient se prévaloir d'une présence sans discontinuité au nord du Danube, une argumentation scientifiquement rigoureuse lui fut opposée. En fait, la relative popularité de l'écrit de R. Roesler ne s'explique que par son introduction dans les programmes des écoles de l'Empire austro-hongrois...

En effet, l'accueil fut loin d'être favorable dans les cercles d'historiens de l'époque; après une étude en 1876, J. Jung fit paraître un ouvrage dont l'incontestable succès (7) provoqua la rapide réédition. L'auteur y fournit des objections contre la thèse de R. Roesler qu'il tint pour erronée du point de vue méthodologique, les conclusions ne pouvant donc pas être considérées comme dignes de foi. Formé à l'école de Th. Mommsen, J. Jung refusa de tenir compte de théories portant la marque du dilettantisme du XVIIIe siècle, dépourvues de tout esprit critique à l'égard des sources littéraires et ignorant les témoignages épigraphiques désormais indispensables à toute recherche historique. La concordance des documents épigraphiques, des éléments archéologiques, de la toponymie et des données anthropologiques déjà accessibles à l'époque, suffit à J. Jung pour mettre en évidence les contradictions flagrantes des assertions contenues dans l'Histoire Auguste et des arguments ex silentio invoqués par R. Roesler.

Comment ne pas être désolé que d'aucuns semblent ne vouloir que reprendre, sans relâche, les opinions de R. Roesler, quelles que soient les preuves apportées par les défenseurs de la continuité. Pourquoi ne mettre en avant que des écrits de l'Antiquité (l'Histoire Auguste, le Bréviaire d'Eutrope ou celui de Rufus Festus) et négliger les sources médiévales d'origine hongroise, russe, perse, arménienne, turque, byzantine, germanique ? Pourquoi refuser, par principe, ce qu'offrent les investigations linguistiques et toponymiques, les découvertes archéologiques, l'examen des traditionnelles institutions socio-politiques roumaines ?

Notre propos n'est pas de fournir une réponse à ces demandes, mais de convier à une compréhension de la réalité nord-danubienne, par delà toute polémique, dans la sérénité et la rigueur, ceux qui désirent savoir qui sont ces cousins latins appartenant à la romanité orientale, les Roumains.

(1) Voir A. Armbruster, Romanitatea românilor. Istoria unei idei, București, 1972. C. Göllner, Mărturii ale umaniștilor sași despre continuitatea și unitatea poporului român, "Apulum", VII, 1969, pp. 75-82.

(2) F.-J. Sulzer, Geschichte der transalpinischen Daziens, Wien, 1781-1782.

(3) Pour toute cette question, on peut se reporter à D. Prodan, Supplex Libellus Valachorum, București, 1967.

(4) S. Micu, Responsum ad crisim Josephi Caroli Eder, édit. I. Pervain et C. Engel, Oradea, 1969. P. Maior, Istoria pentru începutul românilor în Dacia, Budapest, 1812. D. Prodan, Încă un Supplex Libellus românesc (1804), Cluj, 1970.

(5) Voir N. Stoicescu et I. Hurdubețiu, Continuitatea daco-romanilor în istoriografia română și străină, București, 1984, pp. 23-30.

(6) R. Roesler, Rumänische Studien, Leipzig, 1871.

(7) J. Jung, Römer und Romanen in den Donauländern, Innsbruck, 1878. La seconde édition est de 1887.

LIVRE I

LA DACIE ROMAINE. TEMOIGNAGES D'ECRIVAINS DE L'ANTIQUITE

Chapitre 1

LES DACES ONT-ILS DISPARU ?

Comme nous l'avons souligné dans l'avant-propos, les principaux arguments des adversaires de la continuité se fondent sur la surévaluation de quelques textes antiques, grecs et surtout latins, relatifs à la conquête, à l'organisation ainsi qu'à l'abandon par l'administration romaine, après l'an 271 ap. J.-C., de la province de Dacie.

Il convient par conséquent d'analyser, avec rigueur, ces informations afin d'en préciser le sens et l'éventuelle crédibilité.

Le principal écrit auquel se réfèrent R. Roesler, et après lui, des historiens tels qu'A. Alföldi et ses continuateurs d'aujourd'hui, provient du Bréviaire d'Eutrope; celui-ci résume, à l'usage de ses contemporains de la fin du IVe siècle, les travaux historiques antérieurs, fort divers quant à la qualité du renseignement. Le caractère succint du récit suppose d'ailleurs des omissions nombreuses ainsi qu'une sélection pas toujours très judicieuse des documents.

Le fragment concernant les conséquences de la conquête de la Dacie se présente ainsi : Dacia enim diuturno bello Decebali viris fuerat exhausta (1), "la Dacie fut vidée d'hommes à la suite de la guerre, de longue durée, menée par Décébale". Il faut relever, avant tout, que le substantif vir signifie homme adulte, guerrier et qu'il ne peut donc être compris comme désignant la population, en sa totalité, du royaume de Décébale. En outre, comment ne pas être frappé par la nature hyperbolique de l'affirmation de l'auteur ?

Pour Cicéron, l'histoire n'est-elle pas l'opus oratorium maxime ? Dans l'historiographie, considérée comme une variante de l'art rhétorique, les effets dramatiques liés à de tels événements étaient, systématiquement, mis en place afin de colorer la narration. Enfin, Eutrope est tributaire de la littérature officielle datant de Trajan qui avait tout intérêt à surenchérir l'ampleur de la victoire de Rome. Ce type d'exagération littéraire transparaît dans toutes les notes d'Eutrope à propos de la campagne du plus glorieux Empereur romain.

Aux entraves majeures, que le texte en soi oppose aux interprétations roesleriennes de l'information donnée par Eutrope, s'ajoutent quelques obstacles circonstanciels. Tout d'abord, la difficulté d'accepter une hypothèse qui fait de la conquête de la Dacie, un phénomène totalement singulier et aberrant si on le compare à l'ensemble des pratiques de l'expansion romaine.

Comme l'écrivait le professeur C.C. Giurescu, <u>la population gauloise de la Gaule, celle ibérique de l'Espagne, ont-elles disparu après la conquête romaine</u> ? Personne n'a jamais soutenu une telle énormité. <u>Pourquoi donc la population dace aurait-elle disparu de Dacie</u> ? (2). De plus, l'Espagne a été difficilement conquise et les nombreuses révoltes ont mis en péril les autorités romaines locales aux IIe et Ier siècles av. J.-C. jusqu'aux succès de Pompée (3). De même, la Gaule a connu l'importante insurrection de Vercingétorix avant d'être parfaitement intégrée aux provinces romaines. Enfin, toutes les deux, l'Espagne et la Gaule, ont été annexées par Rome à une période où les ventes massives des captifs (hommes et femmes), comme esclaves loin de leur pays d'origine, connaissaient une ampleur inaccoutumée.

Pourtant, malgré toutes ces vicissitudes, ni les Celtibères de la péninsule ibérique, ni les Celtes de la Gaule, n'ont totalement péri. Le cas des Sardes de Sardaigne est similaire alors que la brutale expression <u>Sardi venales</u>, "un Sarde ne coûte presque rien", témoigne qu'ils ont été vendus à un prix dérisoire et en grand nombre.

Toutes ces populations autochtones des provinces romaines ont survécu, se fondant, avec le temps, dans la romanité provinciale latinophone de la partie occidentale de l'Empire romain; il en a été de même pour les peuples qui ont réussi à conserver l'idiome grec - adopté par les Romains comme seconde langue officielle de l'Empire ! - peuples composant la gigantesque mosaïque des provinces orientales, elles aussi conquises par l'épée lors de guerres au moins autant destructrices que celles des campagnes de Trajan.

Les Daces doivent-ils se réjouir d'être les seuls à bénéficier de ce privilège douteux, de cette singularité ? Seraient-ils les seuls, de tous les peuples conquis par les Romains, à avoir été exterminés, systématiquement ? Et ceci, à une période où les mécanismes de l'annexion étaient, depuis longtemps, mis en place; alors que, pendant des siècles, les Romains avaient perfectionné leur système de domination et d'intégration; à une époque où le droit romain reflétait un vaste processus d'unification socio-culturelle dans toute l'Europe; alors que l'on reconnaissait, même aux esclaves, des rudiments de droits et que l'on inscrivait, dans la législation impériale, les éléments de base qu'est le <u>ius gentium</u>, le droit réservé aux non-Romains ?

Ce serait juste à ce moment-là, et précisément en Dacie, que les Romains auraient donc renoncé à agir comme ils l'avaient fait jusqu'alors, de la conquête de la Sicile, au début du IIIe siècle av. J.-C., à celle de l'Arabie et de la Mésopotamie, l'ultime victoire de Trajan...

Il existe un seul et unique cas où Rome a pris la décision de vider complètement un territoire; c'est lorsqu'après la grande révolte menée par Bar Kokhba, Hadrien décida, en 132, d'expulser tous les Juifs de Judée. Mais, que l'on soit un historien de l'Antiquité ou, simplement, un homme cultivé, nul n'ignore que cette diaspora, explicitement mentionnée et décrite en détails par les contemporains d'abord, puis par d'autres ensuite, fut en fait un éloignement et non point une extermination de la population de Judée (4). De plus, la source de ce conflit absolument irréductible fut d'ordre politico-religieux, ce qui n'est nullement le cas de la Dacie où, comme nous le verrons plus loin, l'adoption de la culture romaine a été rapide, profonde et réelle. Enfin, cette dispersion des Juifs fut une interdiction politique et non pas un bannissement, effectif et total, des habitants que l'on retrouvera, sur leurs terres immémoriales, jusques après les croisades.

Pourquoi donc, seule la Dacie aurait-elle subi une telle destruction massive dont les avantages, pour les Romains, sont difficiles à discerner ? Ceux-ci ne désiraient-ils pas, en effet, non seulement conquérir, mais également exploiter, ces territoires gagnés ? Plutôt que d'imaginer une telle vision, quelque peu curieuse, de la politique, dans son ensemble, menée par les Romains dans les provinces, ne serait-il pas plus simple de renoncer à cette hypothèse ?

L'Empire romain n'était pas une machine d'extermination et aucun historien spécialiste de Rome, digne de ce nom, ne peut accepter cette fausse présentation d'une Rome destructrice jusqu'à l'excès.

Par ailleurs, il est significatif, alors qu'Eutrope écrit, au IVe siècle après J.-C., <u>Dacia enim diuturno bello Decebali viris fuerat exhausta</u>, que des auteurs plus proches que lui du règne de Trajan ne signalent, quant à eux, aucune anomalie concernant le sort des vaincus. Florus, contemporain de Trajan et d'Hadrien, parle des Daces comme d'un peuple existant encore et possédant son propre mode de vie; Dion Cassius, au IIIe siècle, principale source narrative des guerres daciques, signale, au détour d'une page, des communautés daces qui se sont alliées aux Romains. Sept scènes de la Colonne trajane illustrent justement de semblables épisodes (5). En outre, les monnaies romaines commémorent le triomphe de l'Empereur Trajan et représentent les vaincus qui s'inclinent, mais en aucun cas leur extermination.

En conclusion, il n'existe aucune base logique ou historique permettant l'interprétation déformée du passage d'Eutrope relatif à la victoire sur les Daces. Certes, la conquête romaine n'a nulle part été idyllique; les Romains étaient assez brutaux, possédaient une technique de combat fort efficace et le sort des prisonniers n'était guère enviable. Toutefois, cette conquête sans nul doute violente ne pouvait, pour au moins deux raisons, se transformer en extermination; <u>primo</u>, celle-ci suppose une idéologie totalement étrangère à celle de Rome, ainsi que des moyens "techniques" qu'elle n'a jamais possédés; <u>secundo</u>, les Romains bénéficiaient d'une vieille expérience pour organiser, avec rentabilité, les territoires conquis, les citoyens romains ne travaillant ni la terre, ni à la mine et jouissant du privilège d'être dispensés de payer des impôts. De sorte que, comme dans toutes les autres provinces, les Romains n'ont pu, ni n'ont voulu, dévaster la région et en supprimer ses habitants; ils ont seulement désiré détruire les structures du royaume dace et éliminer, de la scène politique du sud-est de l'Europe, la force qu'était cet Etat (6).

Lorsque Virgile attribue à l'esprit d'Anchise une fort significative, inspirée et solennelle prophétie quant à la grandeur de l'Empire, ne décrit-il pas ainsi la mission de Rome ? <u>A toi de diriger les peuples sous ta loi, Romain, qu'il t'en souvienne - ce seront là tes arts, à toi - et de donner ses règles à la paix : respecter les soumis, désarmer les superbes</u> (7). Quel que fût l'orgueil du roi des Daces défiant le pouvoir impérial, il n'y a aucun doute que Trajan, tel ses prédécesseurs, sut épargner les Daces vaincus dans le but précis de rendre durable sa propre victoire.

Il est à noter que les sources écrites concernant l'histoire des Daces, avant, pendant et après la conquête romaine de l'an 106, ont connu un sort particulièrement ingrat. L'<u>Histoire romaine</u> en 80 livres de Dion Cassius (8), historien grec du IIIe siècle après J.-C., est le seul document original important et détaillé; malheureusement, ce sont précisément les livres 67 et 68, sur les guerres de Domitien et de Trajan qui ont disparu ! On n'en a conservé que des éléments résumés, en fait, de simples extraits incohérents que nous trouvons chez les historiens byzantins tels Xiphilin au XIe siècle et Zonaras au XIIe siècle. Les commentaires de l'Empereur Trajan sur les guerres daciques, les notes de son médecin Criton, intitulées <u>Getica</u>, ont également été perdus; de même ont été égarées celles, d'une grande valeur, de Dion Chrysostome auquel nous devons toutefois certaines données fort précieuses à propos du système de défense et des luttes des Daces pour se libérer, au temps de Décébale, événements qui se sont déroulés dans les dernières années du règne de Domitien, entre 85 et 89 après J.-C.

Seul le panygérique prononcé par Pline le Jeune, en septembre 102, glorifiant les actions militaires et politiques de son protecteur, l'Empereur Trajan, a été conservé en sa totalité. Cet écrit à caractère politique et littéraire n'est pourtant pas de grande utilité car il s'agit d'une simple <u>laudatio</u> d'où sont absents aussi bien les renseignements sur les luttes contre les Daces que ceux sur l'organisation de la nouvelle province. Malgré tout, on ne peut contester qu'aucune de ces sources ne fait la moindre allusion à une extermination totale des Daces par l'armée romaine victorieuse. En outre, dans le chapitre XI de l'<u>Histoire romaine</u>, Dion Cassius consigne qu'au temps de la première guerre dacique (101-102), une partie des Daces s'est soumise à Trajan. Il serait pour le moins curieux que ces Daces, ralliés de leur propre gré aux Romains, aient souffert d'une manière aussi drastique après la défaite de Décébale. Les Daces, comme le montrent des textes historiques et de nombreux monuments épigraphiques, ont continué à vivre, en qualité d'assujettis à Rome, dans la nouvelle province organisée par Trajan lui-même au printemps de l'an 106.

Il convient aussi de ne pas oublier que la population - comme il résulte de la biographie de l'Empereur Hadrien dans l'<u>Histoire Auguste</u> - s'est soulevée, en 117, peu après la mort de Trajan. Pour réprimer cette révolte, le général Quintus Marcius Turbo fut envoyé en Dacie avec les pleins pouvoirs; or, en plus de la Dacie, la Pannonie Inférieure relevait de son autorité ce qui prouve que des troubles avaient également éclaté de l'autre côté de la Tisza. Dans l'oeuvre si discutée et diversement interprétée d'Eutrope, toute cette agitation est évoquée (9).

Selon ce document, Hadrien, successeur de Trajan, aurait eu l'intention d'abandonner la nouvelle province de Dacie. Ses amis auraient toutefois, nous dit Eutrope, insisté afin qu'il renonçât à un tel plan qui aurait laissé aux mains des barbares un grand nombre de citoyens romains (10); un zeste de vérité doit bien exister dans cette information, comme l'attestent par ailleurs des découvertes archéologiques.

En effet, les archéologues ont constaté l'abandon de certains <u>castra</u> romains de la zone subcarpathique au sud des montagnes ainsi que de la Moldavie méridionale laquelle, en 106, avait été annexée à la province romaine de Mésie Inférieure.

Il n'aurait donc été question que d'un retrait limité du territoire dace; mais, la Dacie, véritable bastion contre les barbares, n'a nullement été évacuée, d'autant qu'il faut tenir compte des richesses naturelles de cette province, réel Eldorado de l'Antiquité (11). C'est ce que précise parfaitement la formule d'Eutrope <u>ne multi cives Romani</u>. Il s'agit là des nombreux colons romains installés en Dacie par Trajan ainsi que de ceux venus, de leur propre initiative, de tout le monde romain, pour cultiver les champs et habiter les villes (12). Environ 3000 inscriptions latines trouvées en Dacie confirment que cette affirmation n'est pas une simple exagération rhétorique. Eutrope exprime, de façon synthétisée, une réalité démographique, politique et administrative assez bien connue d'après plusieurs sources, surtout épigraphiques et archéologiques, existant dans pas moins de douze villes (huit coloniae et quatre municipia) fondées en Dacie, villes dont le nom laisse supposer une origine dace. De même, il est question d'attribuer (adsignatio), en faveur de certains groupes de colons, une partie de la nouvelle province passée sous possession romaine (ager publicus) afin de cultiver les champs ou d'exploiter les richesses du sous-sol, en particulier l'or du centre minier d'Alburnus Maior; dans cette région, ont surtout travaillé des colons d'origine dalmate (les Pirustae et les Baridustae), installés dans des castella et des vici par Trajan.

Ces colons ont gardé leur propre système d'organisation administrative. Ceux qui détenaient déjà le titre de citoyens romains bénéficiaient d'une situation privilégiée et constituaient le conventus civium Romanorum des diverses coloniae et municipia. Les autres, y compris les autochtones daces, appartenaient à la catégorie clairement définie des pérégrins.

Mais, cette colonisation à la fois officielle et spontanée n'a pu se dérouler dans une contrée absolument vide comme cela eût été le cas dans l'hypothèse d'une extermination massive des Daces. L'assertion d'Eutrope - Dacia enim diuturno bello Decebali viris fuerat exhausta - se réfère au fait que Décébale perdit 150'000 guerriers lors de la conquête de la Dacie par les Romains. On peut apprécier les pertes subies par les Daces en se rappelant qu'environ 50'000 prisonniers furent conduits à Rome avec tout leur équipement militaire, comme nous le dit l'historien byzantin Ioannes Lydus (13) qui détint ce renseignement grâce aux notes du médecin de Trajan, Criton. Mais, ceci ne signifie nullement que tous les jeunes gens de Dacie périrent, car alors d'où auraient été recrutés les soldats des sept cohortes Dacorum, cantonnées durant 26 ans à la frontière nord de la Bretagne qui sépare actuellement l'Angleterre de l'Ecosse ?

Les autorités de l'Etat romain ont adopté une politique de dispersion des jeunes de Dacie, justement pour éviter de nouvelles révoltes d'une population qui n'avait pas hésité, malgré l'hémorragie supportée une décennie plus tôt, à se rebeller en 117. A ces sept cohortes, il faut ajouter une autre série de troupes recrutées en Dacie aux IIe et IIIe siècles; ce sont l'ala I Ulpia Dacorum et la cohors I Ulpia Dacorum formées du temps de Trajan, la cohors I Aelia Dacorum sous Hadrien (Aelius Hadrianus), la cohors II Aurelia Dacorum sous Marc-Aurèle et Caracalla ainsi que la cohors II Aurelia nova Dacorum, la cohors VI Cumidavensium attestée sous Alexandre Sévère et la cohors gemina Dacorum Gordiana milliaria sous Gordien III.

De même, l'on connait également deux autres cohortes; mais, pour celles-ci, on ne sait de quelle manière, ni à quelle date, elles furent constituées : la <u>cohors II Augusta Dacorum pis fidelis milliaria equita</u> et la <u>cohors III Dacorum equitata</u>. C'est dire le nombre important d'unités romaines comportant des Daces. Par ailleurs, des Daces sont même entrés dans des troupes d'élite, notamment dans les cohortes de la Garde Impériale (les cohortes prétoriennes) ou dans celles des <u>equites singulares</u>. Notons aussi toute une liste de noms purement daces attestés sous Hadrien : Bitus, Tarsa, Mucatra et Eptacentus originaires de la région de Napoca (l'actuelle ville de Cluj-Napoca) et membres de la célèbre IIIe Légion <u>Augusta</u> d'Afrique romaine (14).

Naturellement, Rome a pris, comme en d'autres circonstances, des mesures brutales pour assurer la tranquillité dans la province; on peut relever la destruction du sanctuaire de l'ancienne capitale des Daces, Sarmizegetusa, centre militaire et religieux qui était considéré comme inexpugnable jusqu'à la défaite totale (15). Il faut toutefois tenir compte de l'interprétation, à propos des ultimes scènes de la Colonne trajane, du grand historien viennois C. Patsch dont les contributions à l'histoire politique romaine dans les Balkans et dans la zone carpatho-istro-pontique, demeurent ô combien précieuses. Selon lui, ces scènes représentent, en fait, le retour des Daces et de leurs familles dans leurs maisons, dans leurs villages, dans leurs foyers d'origine (16).

Il convient maintenant de poursuivre l'étude de textes antiques par l'examen d'un second groupe d'informations historiographiques, celui relatif au retrait de Dacie des troupes romaines d'Aurélien, entre 271 et 275 après J.-C.

(1) 8,6,2. De nombreux ouvrages ont été consacrés à la conquête de la Dacie par Trajan; on peut, en particulier, consulter K. Strobel, <u>Untersuchungen zu den Dakerkriegen Trajans</u>, Bonn, 1984 et E. Cizek, <u>L'époque de Trajan</u>, Bucarest-Paris, 1983.

(2) C.C. Giurescu, <u>Formarea poporului român</u>, Craiova, 1973, p. 40.

(3) Voir I. Olagüe, <u>Histoire d'Espagne</u>, Paris, 1957, pp. 55-57. V. Mousset, <u>Histoire d'Espagne</u>, Paris, 1947, pp. 29-34. L.G. de Valdeavellano, <u>Historia de España</u>, Madrid, I, 1973, pp. 162-172. A. Ballesteros Beretta, <u>Síntesis de Historia de España</u>, Barcelona - Buenos Aires, 1942, pp. 24-27.

(4) Voir S. Abramsky, <u>Bar Kokhba</u> dans <u>Encyclopaedia Judaica</u>, Jerusalem, 1971, col. 228-239. S. Krauss, <u>Bar Kokba and Bar Kokba War</u> dans <u>The Jewish Encyclopedia</u>, New York-London, 1902, pp. 505-509.

(5) Pour découvrir la Colonne trajane, le mieux est de lire le numéro des "Dossiers de l'archéologie", n° 17, juillet-août 1976, ainsi que l'ouvrage d'Ion Miclea, <u>La Colonne</u>, Cluj, 1972.

(6) En ce qui concerne les causes de la conquête de la Dacie, voir E. Cizek, <u>op. cit.</u>, pp. 288-291. B. W. Henderson, <u>Five Roman Emperors</u>, Cambridge, 1927, pp. 245-249. L. Homo, <u>Le siècle d'or de l'Empire romain</u>, Paris, 1947, pp. 261-263.

(7) Tu regere imperio populos, Romane, memento (hae tibi erunt artes), pacique imponere morem, parcere subiectis et debellare superbos. <u>Artes</u> a un sens plus étendu que le mot français correspondant; ici, comme la phrase est impérative, il faut comprendre "ta mission". <u>L'Enéide</u>, Livre VI, 851-853, texte établi et traduit par J. Perret, Paris, 1978.

(8) Dion Cassius, <u>Historia romana</u>, édit. Boissevin, Berlin, 1895-1901.

(9) 8,6,2.

(10) Idem de Dacia facere conatum amici deterruerunt ne multi cives Romani barbaris traderentur.

(11) J. Carcopino, <u>Points de vue sur l'impérialisme romain</u>, Paris, 1934, pp. 71-86. R. Paribeni, <u>Optimus Princeps. Saggio sulla storia e sui tempi dell'imperatore Traiano</u>, I, Messina, 1926, pp. 196-197.

(12) Traianus victa Dacia ex toto orbe Romano infinitas eo copias hominum transtulerat ad agros et urbes colendas (8,3).

(13) Ioannes Lydus, <u>De magistratibus Reipublicae Romanae</u>, edit. Bekkert, Berlin, 1837.

(14) Voir J. Trynkowski, Urmările demografice ale cuceririi Daciei de către romani, "Acta Musei Napocensis", XIII, 1976, pp. 85-86.

(15) Comment ne pas être ému quand, au terme d'un long défilé, après avoir serpenté dans la montagne, les vestiges de la capitale dace se dévoilent, sanctuaires rectangulaires et circulaires de l'enceinte sacrée, disque solaire en andésite, calendrier (grand sanctuaire) attestant les connaissances mathématiques et astronomiques des Daces ? Peut-être qu'un jour, connaîtra-t-on les secrets de ce monument solaire ?

On consultera, avec intérêt, l'étude de F.-C. Stănescu, Considerații privitoare la posibile semnificații astronomice ale altarului de la Sarmizegetusa Regia, "Acta Musei Napocensis", XXII-XXIII, 1985-1986, pp. 105-130.

(16) C. Patsch, Der Kampf um den Donauraum unter Domitian und Trajan, Wien-Leipzig, 1938, pp. 127-128.

Chapitre 2

LE RETRAIT DES LEGIONS ROMAINES

En pleine crise de l'Empire, Aurélien, afin de protéger la frontière danubienne - même s'il ne s'agissait que d'une solution partielle - décida d'abandonner la province de Dacie, trop exposée aux pressions des Barbares.

Cet événement n'est pas relaté par un texte de l'époque (d'ailleurs, les écrits historiques majeurs de cette période ont été perdus), mais par des sources plus tardives, la collection des biographies impériales connue sous le titre d'Histoire Auguste, le Bréviaire d'Eutrope et celui de Rufius Festus, datant toutes du IVe siècle après J.-C. ainsi que Romana de Jordanes, auteur du VIe siècle après J.-C.

A première vue, il semble plus naturel de considérer les oeuvres du IVe siècle plus dignes de confiance que celle de Jordanes. Toutefois, on ne peut se prononcer sur la crédibilité de chacune d'entre elles qu'après avoir analysé les documents et les méthodes de chaque historien; après tout, la proximité, dans le temps, par rapport à un fait, ne confère pas automatiquement une véracité supérieure aux autres relations plus éloignées de cet épisode. N'est-il pas symptomatique que l'on néglige cette opération élémentaire, préalable à toute discussion approfondie ?

Il convient donc de regarder, même brièvement, ce qui permet aux auteurs cités d'être reconnus par l'historiographie actuelle.

Eutrope est contemporain de Julien l'Apostat (avec lequel il participa à la campagne de Perse) ainsi que de Valens sous lequel il devint magister memoriae, c'est-à-dire historiographe attitré de la cour. Il rédigea, en 369, une brève histoire intitulée Breviarium ab urbe condita pour laquelle il utilisa, en plus de Tite-Live et de Suétone, une chronique impériale du temps des Antonins. La manière, quelque peu sommaire, dont Eutrope résuma les événements, détaillés dans les autres textes qui lui servirent de base, conduit à un résultat assez elliptique derrière lequel, toutefois, on devine une vision officielle et laudative de la politique des Empereurs romains.

Aurélien qui apparaît, dans toutes les données de la seconde moitié du IVe siècle, comme un restaurateur glorieux de l'Empire, est également présenté, par Eutrope, comme un unificateur de l'Empire (1). Le retour des armées à la frontière danubienne est la seule impression qui contredise cette image positive d'Aurélien.

Afin d'atténuer cet épisode, Eutrope crée l'illusion d'une évacuation totale de la province, tout comme, à propos de Trajan, il parla d'une colonisation totale de la Dacie. Il fait croire ainsi à un retrait sans perte humaine, matérielle ou de prestige (2).

Il est difficile de savoir si cette élaboration lui appartient sans partage ou si elle lui a été suggérée par la source employée, elle aussi une oeuvre de l'historiographie impériale; mais, il est en tout cas évident qu'il s'agit d'une interprétation partisane des faits, en conformité avec la propagande officielle et la rhétorique fleurie de l'historiographie latine tardive.

Séduits par son dramatisme, les auteurs ultérieurs ont, sans hésitation, repris cette image falsifiée afin de justifier et de légitimer la politique impériale dans la région du Bas-Danube. Rufius Festus - nom attribué par la tradition à un magister memoriae qui succèda à Eutrope - usa sans vergogne de cette information, en n'y apportant aucune modification (3), tout comme Flavius Vopiscus, l'auteur supposé de la Vie d'Aurélien de l'Histoire Auguste.

Ce dernier texte sert de base aux thèses des adversaires de la continuité roumaine. R. Roesler, avec un rare manque d'inspiration, considérait Vopiscus comme un historien extrêmement avisé qui fondait ses opinions sur une recherche consciencieuse des faits et qui avait à sa disposition un riche matériel historique (4). Malheureusement pour lui, l'un des plus grands spécialistes contemporains de l'histoire et de l'historiographie antiques, sir Ronald Syme, notait à propos de l'Histoire Auguste : toute cette compilation est imbibée de fraude (5). Il est vrai, qu'en 1871, R. Roesler ne pouvait savoir qu'H. Dessau, en 1889, allait prouver que l'Histoire Auguste était effectivement un faux datant de l'Antiquité (6) ! Que l'on nous permette cependant d'ajouter que la renommée de R. Roesler, strictement limitée à son combat contre la continuité roumaine, n'est en rien comparable avec le sérieux et la qualité des travaux philologiques et linguistiques d'H. Dessau.

L'auteur de Romänische Studien ne pouvait donc deviner que l'avisé Vopiscus n'était qu'une fiction et que toutes les biographies de l'Histoire Auguste étaient l'oeuvre d'un seul auteur doté d'une singulière capacité de fabulation; par conséquent, une information tirée de l'Histoire Auguste ne peut être retenue qu'avec la plus grande prudence et seulement après une sévère et critique confrontation avec les documents archéologiques, épigraphiques et numismatiques.

La lecture du premier paragraphe de la Vie d'Aurélien aurait pourtant dû frapper R. Roesler. Vopiscus y relate les conditions dans lesquelles la biographie fut écrite : il se mit au travail incité par un ami de l'Empereur qui lui conseilla de ne pas aspirer à la vérité, mais au mensonge, car c'est seulement de cette manière qu'il deviendra le confrère des auteurs dont on admire tant l'éloquence historique (habiturus mendaciorum comites quos historiae eloquentiae miramur auctores).

Au-delà de ce que savait ou non R. Roesler, la Vie d'Aurélien est plus proche du roman historique que d'un ouvrage scientifique; on y trouve des détails de fausse érudition, des références falsifiées, des contes incroyables, même si l'on se place dans l'optique de l'Antiquité (un veau d'une taille inhabituelle avec, à la naissance, des taches pourpres sur lesquelles était écrit, "Vive l'Empereur", d'un côté et avec une couronne, de l'autre) (7). R. Roesler n'a-t-il vraiment pas lu ce passage dû à la plume du Pseudo-Vopiscus, les poésies récitées par des enfants en l'honneur du futur Empereur, les lettres de Valérien concernant son successeur sur le trône, vantant ses mérites militaires et les rations que l'on recevra, 16 pains blancs, 40 pains de caserne, un demi porcelet ?

On ne peut nier que, des nombreuses impostures composant l'Histoire Auguste (8), la Vie d'Aurélien constitue l'une des plus évidentes. Toute cette amusante parade d'érudition ne peut, ni rendre crédible l'information de fond, ni masquer le fait que la biographie dépend directement - pour quelques graves questions, tel l'"abandon" de la Dacie - du Bréviaire d'Eutrope. Vopiscus ne fait que paraphraser le texte d'Eutrope en ce qui concerne le retrait de la province et n'apporte aucune information nouvelle.

Le Bréviaire exprime, non des réalités historiques précises, mais uniquement les observations de l'auteur au sujet des colons installés par Trajan, ad agros et urbes colendas, et des Romains abductos ex urbibus et agris Daciae (9); comparée à cette dernière expression, la Vie d'Aurélien où l'on dit que l'Empereur aurait abandonné la Dacie, sublato exercitu et provincialibus, ne représente qu'une variante stylistique sans valeur informative. Puisqu'elle est précisément destinée à apporter des compléments, la phrase est suspecte d'autant que dans les biographies plus tardives de l'Histoire Auguste, l'accumulation de détails, tous plus rigoureux les uns que les autres, est, en général, le signe d'une fantaisie débridée de l'auteur, de savant escroc, selon l'expression de R. Syme (10).

Par ailleurs, même si elle se comprend, la diade exercitus - provinciales n'a pas le sens global que lui attribuent des exégètes partiaux; l'armée, exercitus, n'avait pas à rester en Dacie à la différence des provinciales - qui ne signifie pas

31

"habitants indigènes d'une province" comme R. Roesler et ses successeurs voudraient nous le faire croire, mais "fonctionnaires romains des provinces", comme le montrent de nombreux textes (11).

L'ultime oeuvre qui doit être examinée est <u>Romana</u> de Jordanes. Au paragraphe 217, celui-ci résume l'histoire de la province de Dacie, de Trajan à Aurélien. Cet écrit découle, en droite ligne, du <u>Bréviaire</u> de Rufus Festus qu'il paraphrase, tout en introduisant des données puisées dans d'autres documents. Remarquons que, sur le retrait de la Dacie, Jordanes apporte une correction et parle seulement de l'armée retirée par Aurélien, <u>evocatis exinde legionibus</u>, et non pas d'un abandon par la population civile; ceci vient peut-être d'un texte utilisé également par le Pseudo-Vopiscus.

Il est exact que Jordanes n'est pas une source d'indications en tout point parfaite. <u>Notarius</u> goth, romanisé toutefois jusqu'à écrire en latin, il n'a pas l'habileté des historiens qui, dès leur plus tendre enfance, possèdent le code de prose narrative et l'art oratoire. C'est justement grâce à cela que nous pouvons nous demander si son information ne serait pas correcte, à la différence de celle d'autres auteurs - par exemple celui de l'<u>Histoire Auguste</u>, admirable manipulateur de la prose rhétorique et qui s'est laissé tenter par l'apparence de l'exactitude.

Même T. Mommsen soulignait, dans son commentaire de Jordanes, la crédibilité supérieure de ces renseignements et le fait que l'essence de l'abandon de la Dacie était représentée par l'évacuation des troupes (12).

Nous pensons, humblement, avoir montré l'utilité d'un examen critique des sources littéraires antiques relatives à la conquête de la Dacie, à sa transformation en une province romaine, puis au retrait de l'armée et de l'administration romaines au sud du Danube. Il demeure qu'une telle analyse a été entreprise par des chercheurs roumains et omise par ceux qui essaient de faire croire que les Roumains se sont constitués, en tant que peuple, en dehors de leur berceau historique; une étude, même sommaire comme celle à laquelle nous venons de procéder, confirme qu'il n'existe aucun document digne de foi prouvant que les Roumains ne sont pas les descendants des Daces romanisés. Au contraire, la seule hypothèse ayant un sens, à partir des sources écrites (et aussi non écrites comme nous le verrons plus loin), l'unique supposition sérieuse est que les Géto-Daces et leur civilisation ont survécu après la conquête romaine et ont été romanisés grâce à la symbiose avec l'élément latinophone et la civilisation provinciale romaine - ceci dans les limites de l'ancien Etat dace devenu une province de l'Empire romain.

Après le retrait des troupes d'Aurélien, ce processus,

garant de la romanité des Roumains, a persisté sous une forme spécifique dans l'espace carpatho-istro-pontique, cadre historique et géographique de toute la vie (antique, médiévale et moderne) de nos cousins de la Romania orientale.

(1) Voir 9, 13, 1 : Romanam ditionem ad fines pristinos varia bellorum felicitate revocavit.

(2) Cf V. Iliescu, Părăsirea Daciei în lumina izvoarelor literare, "Studii şi cercetări de istorie veche", XXII, 1971, p. 2 sqq.

(3) Rufius Festus, 8 : Sub Gallieno imperatore amissa est et per Aurelianum translatis exinde Romanis duae Daciae in regionibus Moesiae ac Dardaniae factae sunt.

(4) Romänische Studien, Leipzig, 1871, p. 68.

(5) R. Syme, Ammianus and the Historia Augusta, Oxford, 1968, p. 1.

(6) H. Dessau, Ueber Zeit und Persönlichkeit der SHA, "Hermes", XXIV, 1889, pp. 337-392.

(7) Vita Aureliani, 1, 8; 3, 4, 12, etc.; 4.

(8) La bibliographie fondamentale commence avec l'étude d'H. Dessau citée précédemment. Voir aussi, du même, Ueber die SHA, "Hermes", XXVII, 1892, pp. 561-605. H. Stern, Date et destination de l'Histoire Auguste, Paris, 1953. R. Syme, Emperors and Biography. Studies on the Historia Augusta, Oxford, 1974. Atti del colloquio Patavino sulla Historia Augusta, Padova, 1964.

(9) Eutrope, Breviarium, 8, 6, 2 et 9, 15, 1.

(10) R. Syme, Ammianus ..., p. 1.

(11) L'adjectif provincialis, dérivé du substantif provincia

- initialement "sphère de compétence d'un magistrat"- oscille entre le sens de "fonctionnaire à l'extérieur de Rome" et celui de "citoyen de l'Empire, mais n'habitant pas Rome". Voir E. Forcellini, I. Furlanetto, F. Corradini et I. Perin, <u>Totius latinitatis lexicon</u>, Padova, 1940 au mot <u>provincialis</u>.

(12) T. Mommsen, <u>Monumenta Germaniae Historica</u>, V, 1, Jordanes, <u>Romana</u>, Berlin, 1882, p. 27 et 177.

LIVRE II

ARGUMENTS LINGUISTIQUES

Chapitre 1

LE ROUMAIN ET LES AUTRES LANGUES ROMANES (1)

Les Roumains parlent un idiome néo-latin. C'est une évidence indéniable qui se trouve à l'origine, en égale mesure, d'une part, des principales lignes directrices de la constitution d'une conscience d'abord ethnique, puis nationale, des Roumains et, d'autre part, d'un important obstacle dressé devant les théories selon lesquelles les Roumains ne seraient que des étrangers sur leur propre terre.

En effet, tous les "détours" et "raccourcis" auxquels recourt R. Roesler s'expliquent par l'incompatibilité fondamentale entre le caractère néo-latin de la langue roumaine et l'idée de la formation du peuple roumain en dehors des anciennes provinces de Dacie et de Scythie Mineure.

De cette déformation de la vérité résultent des hypothèses aussi compliquées qu'inutiles. Même si l'archéologie, l'histoire ou l'épigraphie ne fournissaient aucune information sur la civilisation existant dans l'espace carpatho-istro-pontique, le simple fait que dans cette ancienne province romaine, l'on parle encore de nos jours un idiome néo-latin, suffirait à prouver la continuité de l'existence matérielle et spirituelle des habitants de l'ex-Dacie.

Il en fut ainsi dans toutes les zones européennes latinophones : en Italie et en Gaule, dans la péninsule ibérique et dans des aires plus restreintes telles que la Dalmatie, la Rhétie et le Norique, comme en Dacie et sur le territoire de l'ancienne Dobroudja romaine.

La population daco-romaine a vécu, de tout temps, sur son lieu d'origine malgré les vicissitudes de l'époque des migrations. La preuve indéniable et péremptoire en est la propre continuité ininterrompue de la langue roumaine, issue du fonds latin provincial, langue qui assimila les éléments thraco-gètes du substrat et qui adopta, progressivement, processus tout à fait naturel, des apports lexicaux et certains phonèmes des ethnies avec lesquelles elle eut des contacts. Par ses structures, le roumain demeure un idiome latin et c'est un fait qu'aucune autre hypothèse ne peut rendre cette vérité linguistique et culturelle.

Ainsi, l'histoire de la langue roumaine est non seulement une partie intégrante de celle des langues romanes, mais également un élément essentiel de la civilisation et du peuple roumains.

L'histoire économique, sociale, politique et culturelle des Géto-Daces, des Daco-Romains et des Roumains constitue le contexte socio-historique dans lequel se forma et évolua la langue roumaine; dans le même temps, le roumain représente un élément décisif dans le développement unitaire et ininterrompu de la Roumanie et de sa civilisation.

Le phénomène de la formation des langues néo-latines et, parallèlement, de celle des peuples romans qui les parlent- italien, français, espagnol, portugais, roumain, etc. - est l'un des plus importants et intéressants chapitres des derniers temps de l'Empire romain ainsi que des débuts de l'Empire romain d'Occident et de l'Empire romain d'Orient. L'istro-roumain, le dalmate (qui se parlait encore, jusqu'à la fin du siècle dernier, dans les îles dalmates de l'Adriatique), le macédo-roumain et surtout le daco-roumain (l'idiome du peuple roumain, la plus importante entité romane de cette région de l'Europe), ces quatre dialectes appartiennent à ce que les historiens et les linguistes appellent la "romanité orientale". Du point de vue territorial, celle-ci naquit à l'aube de notre ère lorsque, à la suite de la conquête romaine, toute la zone carpatho-balkanique fut transformée en provinces de l'Empire romain.

Dans l'évolution de tous les peuples romans ainsi que dans celle des langues néo-latines, des phases semblables purent, en des proportions variables, être constatées : ainsi, la romanisa- tion, au moins partielle, conséquence de la conquête romaine et de la mutation de ces territoires en provinces impériales. A partir du IIIe siècle, certains éléments allogènes pénétrèrent, en plus ou moins grand nombre, dans ces régions - parfois même d'une manière définitive. Les populations romanisées, ou en cours de romanisation, conservèrent toutefois quelques traditions ancestrales quant à la langue, la culture et les coutumes remontant, pour le moins, à l'époque du fer, à une période pré- romaine donc. Tout ceci constitue un substrat ethnique et linguistique parfois fort tenace...

La totalité des sources archéologiques et ethnographiques, ainsi que l'étude de quelques éléments lexicaux et phonétiques appartenant au substrat pré-romain, concordent à cet égard. Le lexique de toutes les langues néo-latines allait s'enrichir grâce aux mots allogènes entrés dans le circuit linguistique propre à chacune d'entre elles à la fin de l'Empire romain, lors de l'arrivée, dans ces provinces, d'un nombre plus ou moins important de populations parlant d'autres langues que le latin. Ceci fut relevé en Italie avec les Longobards et les Ostrogoths, en France avec les Francs, les Alamans et les Wisigoths, en Espagne avec une autre branche des Wisigoths et les Vandales;

plus tard, ces derniers passèrent également dans les provinces africaines de l'Empire romain d'Occident.

Dans l'Empire romain d'Orient, le même rôle fut joué par les tribus slaves dont la présence est constatée, pour un bref laps de temps, en Dacie ex-romaine d'où, à partir de 602 après J.-C., elles gagnèrent massivement des régions situées au sud du Danube pour y demeurer jusqu'à nos jours.

De tels phénomènes qui se produisirent dans les limites de territoires bien déterminés ne pouvaient qu'engendrer, mutatis mutandis, des modifications similaires, suffisamment profondes, surtout dans le domaine lexical et phonétique. Ces mêmes changements, à la fin d'une évolution que l'on peut suivre grâce aux sources linguistiques, historiques et archéologiques, aboutirent à l'apparition de nouvelles langues assez proches les unes des autres; elles constituent une grande famille - celle des langues néo-latines - avec des éléments lexicaux et grammaticaux spécifiques, mais présentant une structure basique unitaire et un lexique fondamental dérivé du vocabulaire latin.

Comme nous l'avons précédemment affirmé, l'exclusion des Roumains de la grande aire de la romanité orientale serait une si flagrante aberration que même les adversaires de la continuité ne purent l'envisager. En revanche, afin de tenter de concilier la thèse du vacuum total en Dacie avec le caractère néo-latin du roumain, certains ont essayé d'accréditer l'hypothèse selon laquelle la langue roumaine et le peuple roumain se seraient formés, non point dans la contrée carpatho-istro-pontique, mais au sud du Danube. Quant à connaître la date et les circonstances concrètes de ce "transfert", pas le moindre signe de concordance et d'accord entre les partisans des thèses de R. Roesler; certains placent le "berceau" des Roumains dans les Balkans, d'aucuns entre les Balkans et le Danube ou encore sur le versant méridional des Balkans, d'autres en Illyrie ou même entre Sofia, Niš et Skopje, le "triangle de Weigand" - où, soit dit en passant, comme le démontra E. Petrovici, ne se trouve aucun toponyme significatif d'origine romane.

En principe, l'aire de formation du roumain ne saurait être identifiée avec une zone géographique limitée. Les éléments structuraux de cette langue ainsi que le fait de retrouver ses traits les plus typiques dans tous les dialectes - daco-roumain, aroumain, istro-roumain, mégléno-roumain - montrent qu'à l'époque où se constitua la langue, a existé un continuum historico-géographique et culturel. Celui-ci a entraîné dans ce processus l'ensemble du latin danubien, c'est-à-dire l'idiome latin parlé en Dacie Trajane, sur les deux rives du Bas-Danube et en Dobroudja romaine; ultérieurement, la pénétration de populations allophones - tout d'abord, les Slaves - a disloqué la partie méridionale de cette région où ont néanmoins survécu des peuplades utilisant la même langue romane. Mais, cette désagrégation n'a affecté que d'une manière superficielle l'espace carpatho-istro-pontique, lieu prioritaire de la naissance du roumain.

Les plus insignes romanistes, de C. Jirecek à A. Lombard en passant par C. Tagliavini, ainsi que des prestigieux linguistes roumains tels que S. Puşcariu, Th. Capidan, A. Rosetti, E. Petrovici, I. I. Russu, I. Fischer, C. Poghirc, G. Ivănescu, ont argumenté de ces réalités contre les adversaires de la continuité.

Ceux-ci persistent cependant à ignorer ces données et s'entêtent à soutenir, avec des raisonnements de moins en moins convaincants, que le roumain s'est formé au sud du Danube. Cette controverse se fonde principalement sur les points linguistiques suivants :

- rapports entre le roumain et l'albanais qui témoigneraient d'une aire commune de formation,

- rapports entre le roumain et les langues slaves, en particulier influence du slave méridional,

- absence d'influences germaniques dans la langue roumaine,

- vocabulaire agricole et pastoral,

- vocabulaire religieux,

- toponymie d'origine latine.

Quelques exemples suffiront à illustrer la légèreté des solutions artificielles, et plus d'une fois contradictoires, proposées par les divers auteurs soutenant les thèses "migrationnistes".

(1) De très nombreux ouvrages existent concernant les langues romanes. Nous conseillerons, pour une première approche, de par sa clarté et sa richesse, le livre de P. Bec, <u>Manuel pratique de philologie romane</u>, Paris, 1971, dont le tome II est plus spécialement consacré, à côté des langues de diffusion secondaire, aux deux "langues extrêmes" de la Romania, le français et le roumain.

Parmi les oeuvres publiées en roumain, on pourra se reporter à Th. Capidan, <u>Aromânii. Dialectul aromân. Studiu lingvistic</u>, Bucureşti, 1932. B. Cazacu, <u>Studii de dialectologie</u>

română, București, 1966. I. Coteanu, Morfologia numelui în protoromână, București, 1969 et Elemente de dialectologie a limbii române, București, 1961. A. Graur, Încercare asupra fondului principal lexical al limbii române, București, 1954. I. Iordan et M. Manoliu, Introducere în lingvistica romanică, București, 1965. D. Macrea, Probleme de lingvistică română, București,1961. H. Mihăescu, Limba latină în provinciile Dunărene ale imperiului roman, București, 1960. S. Pușcariu, Limba română, București, 1940 et Studii istroromâne, București, 1926. E. Vasiliu, Fonologia limbii române, București, 1965.

D'autres études ont paru dans des langues plus accessibles, et plus habituelles, aux Occidentaux. Citons, pour le français, W. Bal, Introduction aux études de linguistique romane, avec considération spéciale de la linguistique française, Paris, 1966. E. Bourciez, Éléments de linguistique romane, Paris, 1967. J. A. Candea-Hecht, Les éléments latins de la langue roumaine, Paris, 1902 et Cours complet de grammaire roumaine, Bucarest, 1899. O. Densusianu, Histoire de la langue roumaine, Paris, t. I, 1902 et t. II, 1938. A. Guillermou, Manuel de langue roumaine, Paris, 1953. A. Lombard, Le verbe roumain, dans Acta Reg. Societatis Humaniorum Litterarum Lundensis, LII, Lund, 1954 et 1955. L. Mourin, Introduction à la morphologie comparée des langues romanes, t. VI, Ancien roumain, Belgique, 1962. S. Pop, Grammaire roumaine, Berne, 1948. A. Rosetti, Mélanges de linguistique et de philologie, Copenhague-Bucarest, 1947. K. Sandfeld et H. Olsen, Syntaxe roumaine, 3 vol., Paris-Copenhague, 1936-1962.

On peut également consulter avec profit W. Meyer-Lübke, Die lateinische Sprache in den romanischen Ländern dans Grundischer romanischen Philologie, I, Strasbourg, 1904-1906. W. Rothe, Einführung in die historische Laut - und Formenlehre des Rumänischen, Halle, 1957. A. Cioranescu, Diccionario Etimológico Rumano, Universidad de la Laguna, 1958-1961. B.E. Vidos, Manual de lingüística románica, Madrid, 1963. W.D. Elcock, The Romance Languages, London, 1960. R. Posner, The Romance Languages. A Linguistic Introduction, New York, 1966. A. Monteverdi, Manuale di Avviamento agli studi romanzi. Le lingue romanze, Milano, 1952. P. Savĭ-Lopez, Le origini neolatine, Milano, 1920. C. Tagliavini, Le origini delle lingue neolatine, Bologna, 1952.

Chapitre 2

RAPPORTS ENTRE LE ROUMAIN ET L'ALBANAIS

Les rapports linguistiques entre le roumain et l'albanais revêtent une remarquable importance dans les recherches sur l'histoire de la langue roumaine du Moyen-Age. Tous les grands linguistes roumains, de B.P. Hasdeu à A. Rosetti, ainsi que nombre de savants étrangers, n'ont eu cesse de clarifier la nature et l'ampleur de ces rapports.

Les opinions, en ce domaine, ne sont pas convergentes (1). Les adversaires de la continuité prétendent que les anciens Albanais et les ancêtres des Roumains auraient comme "berceau" commun les contrées centrales des Balkans. Entre les deux idiomes, les correspondances phonétiques sont, sans conteste, considérables; mais en réalité, elles s'expliquent, pour la plupart, par des facteurs pré-romans, romans et post-romans (balkaniques) semblables, par ce qu'A. Rosetti appelle <u>le critère commun</u> (2). Quant aux concordances qui pourraient évoquer une parenté entre le roumain et l'albanais, elles ne devraient être examinées qu'au stade du pré-roman (3). Il est impossible de prouver une symbiose postérieure au IIIe siècle (donc après l'abandon officiel de la Dacie); une union tardive, postérieure au XIe siècle, si tant est qu'elle existât, concernerait non les Daco-Roumains, mais les Aroumains venus du Danube pour se mêler aux Albanais. Les conclusions auxquelles sont arrivés les linguistes albanais coïncident d'ailleurs avec ce point de vue (4).

Selon E. Çabej, les ressemblances entre le roumain et l'albanais sont dues à l'adstrat commun latin et slave, et au voisinage de régions situées aux extrémités de la zone de formation de ces deux peuples et de ces deux langues (5). Ceci est en accord, à notre avis, avec les affirmations de la majeure partie des spécialistes roumains relatives à la naissance de la langue roumaine. En outre, ceux-ci ont attiré l'attention sur le fait que la comparaison avec l'albanais ne couvrirait que partiellement l'élément autochtone entré dans la composition du roumain (6). Certains mots roumains n'ont pas de correspondants en albanais; on suppose à ces termes tels que <u>brusture</u>, <u>doină</u>, <u>mic</u>, <u>zîrnă</u>, une étymologie dace qui, pour le moment, n'a pas été infirmée par des arguments qui puissent convaincre (7).

En 1914 déjà, le grand philologue allemand W. Meyer-Lübke écrivait que <u>les ressemblances entre l'albanais et le roumain, en ce qui concerne le système phonétique, paraissent être moindres</u>

que l'on ne le supposait. Quels sont toutefois, ajoutait-il, <u>les motifs pour lesquels les processus décrits confèrent à la langue roumaine son caractère spécifique, quant à l'aspect phonétique des mots ? A cela nous répondons que, pour le moment, nous l'ignorons</u> (8).

On évoque souvent, comme analogie entre le roumain et l'albanais, des particularités qui, en réalité, se retrouvent également dans les langues romanes occidentales. Quelques modalités de formation des mots sont, par exemple, communes au roumain, à l'albanais et au bulgare. Ainsi, en roumain <u>nici un</u>, en albanais <u>asnjë</u> et en bulgare <u>niedem</u>; en fait, le roumain <u>nici un</u> a un correspondant, non seulement en vieux français, <u>niun</u>, mais aussi dans toute langue de la Romania : en italien <u>niuno</u>, en espagnol <u>ningun(o)</u>, en portugais <u>nenhum</u>, en catalan <u>ningu(n)</u>, en provençal <u>negun</u>, etc. (9).

En dehors de <u>nici un</u>, un autre cas existe avec la triade composée par le roumain <u>nicicînd</u>, l'albanais <u>askurrë</u> et le bulgare <u>nikoga</u>. Mais, dans ce cas précis, il n'y a aucune preuve que l'archétype soit l'albanais, suivi par le bulgare et le roumain, et non pas le bulgare (slave), suivi par l'albanais et le roumain; voir le russe <u>nikogdá</u>, le tchèque <u>nikdy</u>, le polonais <u>nigdy</u>, etc. qui présentent la même structure (10). Il est, en effet, absolument évident qu'aucune influence albanaise n'a pu s'exercer sur les langues slaves se trouvant hors de la péninsule balkanique.

Afin d'étayer l'idée que le roumain et l'albanais possèdent des caractéristiques en commun, l'on invoque le fait que, tant le roumain que l'albanais, emploient l'équivalent de <u>habeo</u> pour former les temps composés : en roumain, <u>am sosit</u>, en albanais, <u>kam sosure</u> (je suis arrivé). Parmi les milliers de verbes possibles, l'on a choisi précisément celui dont l'équivalent sémantique se conjugue, dans les langues romanes, avec l'auxiliaire <u>sum</u> (en français, <u>je suis arrivé</u>, en italien, <u>sono arrivato</u>); mais, on n'a pas souligné que pour ces langues, on forme, en règle générale, les temps composés avec <u>habeo</u>, exactement comme en roumain et en albanais (en français, <u>j'ai mangé</u>, en italien, <u>ho mangiato</u>, etc.). D'ailleurs, il est inexact d'affirmer qu'en albanais et en roumain, on utilise toujours l'équivalent de <u>habeo</u> comme auxiliaire pour former les temps composés. <u>Sum</u> est fréquemment employé au présomptif (en albanais, <u>do të jem gabuar</u>, en roumain, <u>mă voi fi înșelat</u>, en français, <u>je me serais trompé</u>), à la voix passive et à la voix réfléchie (voir l'albanais <u>jam larë</u> différent du roumain <u>m-am spălat</u>, en français <u>je me suis lavé</u>). On peut ajouter les constructions roumaines qui englobent <u>sum</u>, du type <u>sînt mîncat</u> (j'ai mangé), <u>era băut</u> (il avait bu), etc., qui ont des correspondants en latin (11).

Maints linguistes considèrent l'article enclitique du roumain, du bulgare et de l'albanais comme étant le résultat d'une évolution indépendante dans les trois langues. Ceci contredit la thèse de K. Sandfeld, selon laquelle l'albanais, le roumain et le bulgare possèdent tant de traits en commun qu'il est difficile d'admettre, justement, le développement indépendant de l'emploi de l'article enclitique dans chacun de ces trois idiomes. De toute façon, ce n'est pas une démonstration, mais une simple présomption; des traits identiques ou ressemblants et ayant une même origine n1, n2, n3 présents en A, B, C ne peuvent constituer un argument suffisant pour décider si une quatrième particularité commune, n4, a la même origine que les trois autres.

L'assertion, non vérifiée, d'E. Çabej, selon laquelle le roumain et l'albanais coïncident dans l'emploi de l'article enclitique <u>jusqu'aux moindres détails</u> et qu'il est donc difficile de présumer, à cet égard, une évolution indépendante des deux langues, ne fournit pas une preuve abondant dans le sens proposé par K. Sandfeld. En effet, à la fin de son étude, le philologue albanais reconnaît que <u>des conclusions définitives, tant pour l'ensemble que dans le détail, s'imposeront tout naturellement lorsque les documents existants seront davantage approfondis et explorés. Il n'est par conséquent pas exagéré d'affirmer qu'en ce domaine, nous nous trouvons à peine à mi-chemin, sinon au commencement</u> (12).

En procédant à un examen plus attentif de l'emploi de l'enclise de l'article, en albanais et en roumain, on constate que les analogies ne vont pas, loin s'en faut, "jusqu'aux moindres détails"; ne serait-ce que par ces quelques exemples, choisis parmi tant d'autres : en albanais, <u>Kjo më ka mbetur në mendje</u>, en roumain, <u>Aceasta mi-a rămas întipărit în minte</u> (cela m'est resté gravé dans la mémoire) où "mémoire" apparaît sans article, dans les deux langues, à la différence de ce qui suit : en albanais <u>Më kishte dalë nga mendja</u>, en roumain, <u>Aceasta mi-a ieșit din minte</u> (cela m'était sorti de la mémoire) où "mémoire" est articulé en albanais et non articulé en roumain.

En albanais, le comparatif de l'adjectif se construit avec la proclise de l'article défini alors qu'en roumain, <u>cel</u> n'est pas utilisé avec ce rôle; ainsi, en albanais, <u>më i ri</u> par rapport au roumain <u>mai nou</u> - et non pas <u>mai cel nou</u> - <u>plus neuf</u> et non <u>plus le neuf</u>. Beaucoup d'autres exemples de discordances, même ceux qui ne concerneraient que des détails, pourraient être aisément multipliés.

Quant à l'origine de l'article enclitique, A. Graur avait déjà démontré, en 1929, que le substantif avait incorporé l'article adjectival qui le suivait (13).

Une autre tentative de prouver la communauté de territoire des ancêtres des Roumains et des Albanais repose sur la mise en

45

évidence des emprunts, par le roumain et l'albanais, au bulgare. L'on cite toutefois un seul échantillon : le roumain <u>opincă</u> (sorte d'espadrille en cuir portée par les paysans roumains) et l'albanais <u>opingë</u> proviendraient des cas obliques du bulgare <u>opinak</u>. Deux remarques s'imposent; <u>primo</u>, il existe non seulement des ressemblances, mais aussi nombre de dissemblances importantes entre les éléments slaves (de type bulgare), le roumain et l'albanais (14). Prenons, ne serait-ce que le vieux mot albanais d'origine slave et appartenant au lexique de base, <u>tokë</u> = <u>pămînt</u> en roumain (terre), avec ses multiples sens subsidiaires (<slave <u>tok</u>). Le roumain ne possède pas ce mot et il n'y a aucun indice de son existence à un moment donné de l'évolution de la langue; <u>secundo</u>, les quelques ressemblances entre les vieux éléments slaves du roumain et ceux de l'albanais ne signifient pas que l'influence du slave méridional sur les deux langues se serait exercée dans les limites d'une seule et unique région. L'on sait pertinemment que le néo-grec et l'espagnol ont des éléments communs d'origine arabe, l'arménien et le finlandais des éléments communs d'origine russe, l'ukrainien et le croate des éléments communs d'origine hongroise, etc.

O. Densusianu attirait l'attention sur le fait que certains éléments albanais purent pénétrer en roumain, non point d'une manière directe, mais par l'intermédiaire de la filière du bulgare, du serbe, etc. Qui nous garantit, par exemple, que <u>omușor</u> - <u>uvula</u> (petit homme, uvule) relierait le roumain et l'albanais ? Pourquoi pas le roumain et le bulgare, d'une part et, séparément, le bulgare et l'albanais, d'autre part ? La chronologie et le dynamisme de la propagation de la métaphore <u>om mic</u> - petit homme > <u>uvula</u> dans les trois langues est, et restera, probablement pour longtemps, une question ouverte. Il ne s'agit donc nullement d'une certitude comme certains chercheurs voudraient le faire croire.

L'idée que le latin balkanique présente, du IVe au VIIe siècles, des innovations identiques à celles du latin se trouvant à l'origine des dialectes italiens, n'implique pas - conclusion souvent formulée par les adversaires de la continuité - que la présence de ces innovations dans le daco-roumain ne puisse être expliquée que par la formation de celui-ci dans la péninsule balkanique. On minimalise l'importance de quelques nouveautés similaires spontanément intervenues dans le latin de l'Empire et dans celui de la Dacie Trajane (et, plus amplement, dans le latin de l'espace carpatho-danubien). L'explication proposée par A. Rosetti pour les changements communs au latin balkanique et au latin carpatho-danubien, prend en considération <u>les déplacements des bergers ayant le latin comme langue maternelle, au nord et au sud du Danube. Les bergers ... transhumants ... du nord du Danube passaient le fleuve avec leurs troupeaux et entraient en contact avec la population locale. Etant donné le grand nombre de migrateurs, la présence de cette population constitue un facteur</u>

important qui doit être pris en compte pour l'histoire du latin danubien (15). Ceci résout, en large part, cette question.

Ainsi, alors qu'il existait la forme plus ancienne, rărunchi, le mot rinichi (reins) pourrait être la conséquence d'une innovation latine tardive de ce type et aurait pu arriver en Dacie par cette voie (16).

A certains chercheurs, le processus de simplification et d'appauvrissement caractéristique du latin populaire, par rapport à la langue littéraire, apparaît plus prononcé en roumain que dans n'importe quel autre idiome roman. Si cela s'avérait exact, c'est précisément l'isolement de l'ancienne Dacie Trajane, après le IVe siècle, qui singulariserait celle-ci de la majeure partie de la latinité orientale. En revanche, si le roumain s'était constitué en Dardanie, dont la puissante romanisation fut renforcée par le voisinage de la Dalmatie latine, ce même processus n'aurait jamais eu autant de retombées (17).

(1) Pour la bibliographie de base, on peut se reporter à A. Vraciu, Limba daco-geţilor, Timişoara, 1980. En ce qui concerne la patrie primitive des Albanais et les nombreuses divergences existant sur ce point, voir Les Illyriens et la génèse des Albanais. Travaux de la session des 3-4 mars 1969, Tirana, 1971 et A. Rosetti, Istoria limbii române de la origini pînă în secolul al XVII-lea, Bucureşti, 1968, pp. 210-212.

(2) A. Rosetti, op. cit., p. 260.

(3) G. Brâncuş, Consideraţii asupra lexicului autohton al limbii române, "Transilvania", VI, 1980, p. 35.

(4) Le roumain et l'albanais se sont formés dans des régions différentes de la Péninsule balkanique confirme E. Cabej, Problemi i vendit të formimit të gjuhës shqipe dans le volume Studime gjuhësore, V, Tirana, 1975, p. 29.

(5) Idem, Dise mendime mbi marrëdhëniet gjuhësore rumano-shqipare, ibidem, VI, Tirana, 1977, p. 253.

(6) Voir la carte Romanitatea dunăreană (daco-moesică) în secolele I-VI dans E. Petrovici, Studii de dialectologie şi

47

toponimie, București, 1970, pp. 58-59.

(7) Istoria Limbii Române, II, București, 1969, p. 319. C. Poghirc, Irano-daco-romanica, "Studia et Acta Orientalia", VIII, București, 1971, pp. 25-28. A. Riza, Concordances lexicales entre éléments roumains anciens et éléments relevant des aires iraniennes et caucasiennes, ibidem, pp. 29-45.

(8) W. Meyer-Lübke, Rumänisch, Romanisch, Albanisch, "Mitteilungen des Rumänischen Instituts an der Universität Wien", I, Heidelberg, 1914, p. 42.

(9) W. Meyer-Lübke, Romanisches Etymologisches Wörterbuch, Heidelberg, 1935, n° 5875. O. Densusianu, Dicționarul etimologic al limbii române, București, 1915, fasc. IV, p. 134, n° 1230.

(10) Voir M. Vasmer, Russisches Etymologisches Wörterbuch, II, Heidelberg, 1958, pp. 274-275.

(11) O. Riemann, Syntaxe latine, Paris, 1908, p. 217.

(12) E. Çabej, Unele probleme ale istoriei limbii albaneze, "Studii și cercetări lingvistice", 1959, 4, p. 552.

(13) A. Graur, A propos de l'article postposé, "Romania", Paris, LV, 1929, pp. 475-480 et De nouveau sur l'article postposé en roumain, "Revue roumaine de linguistique", 1967, 1, pp. 3-10.

(14) Comparer, par exemple, le chapitre consacré à l'influence slave sur le roumain dans A. Rosetti, op. cit., pp. 313-326, avec la recherche de G. Mihăilă, Imprumuturi vechi sud-slave în limba română. Studiu lexico-semantic, București, 1960.

(15) A. Rosetti, op. cit., p. 86.

(16) Voir les commentaires et la carte chez S. Pușcariu, Limba română, I, București, 1940.

(17) Le latin fut introduit, dans les pays conquis, sous deux

formes : celle de la langue littéraire en usage dans les écoles et celle de la langue parlée, répandue par les soldats, les marchands, les colons - véritable instrument de communication pour l'ensemble de la population.

Il s'imposa, en ces régions, avec des fortunes diverses et d'une manière plus ou moins rapide; en outre, il y subit, de bonne heure, quelques altérations spécifiques dues à des habitudes indigènes.

Cet "appauvrissement" semble surtout être la conséquence du bref laps de temps durant lequel s'opéra, en Dacie, la colonisation romaine. Le latin littéraire usité à Rome, ainsi que toutes les innovations grammaticales ou sémantiques survenues au centre de l'Empire, ne bénéficièrent guère, à partir d'un certain moment, de circonstances favorisant leur diffusion en des territoires plus tardivement annexés.

Chapitre 3

RAPPORTS ENTRE LE ROUMAIN ET LES LANGUES SLAVES (1)

Dans le domaine des rapports linguistiques roumano-slaves, les faits sont présentés de manière à renforcer l'idée que le roumain se serait formé et développé uniquement au sud du Danube, exclusivement dans la péninsule balkanique, en étroit contact avec les idiomes slaves de la région, le bulgare, le serbe et même le macédonien.

Une étrange omission, incroyable étant donné sa gravité, étonne et éveille l'attention; on ne précise pas que les Slaves qui vécurent sur le territoire de la Dacie Trajane appartenaient, en ce qui concerne la langue, au groupe des Slaves méridionaux (2). A l'aide de cet oubli "stratégique", on insinue que l'influence du slave méridional sur le roumain, en sa première phase d'évolution - influence, en effet, considérable - aurait eu lieu dans la péninsule balkanique, quelque part dans le sud, le plus au sud possible du Danube !

Une autre voie, pour accréditer les mêmes thèses, consiste à isoler certains éléments communs au slave méridional et au roumain, sans mentionner leur caractère plus ample. Les verbes réfléchis offrent, à cet égard, un exemple éloquent. On explique leur emploi, en roumain, comme une conséquence de l'influence slave alors que la forme pronominale est abondamment employée aussi bien en latin vulgaire que dans les langues romanes. Même dans le cas d'un verbe comme a se naște (naître), correspondant au latin nascere que les autres langues romanes n'utilisent pas à la forme pronominale, on constate que la forme roumaine réfléchie est extrêmement tardive puisqu'au XVIe siècle, dans les premiers textes roumains, elle apparaît écrite conformément au modèle latin, ce au greșit acesta ... de au născut orb, voir le latin ut caecus nascetur, "quelle fut l'étendue de son péché pour qu'il naquît aveugle ?".

D'ailleurs, le verbe est intransitif dans le vieux proverbe roumain ce naște din pisică, șoareci mănîncă, littéralement "ce qui naît d'un chat se nourrit de souris". De la même manière, le verbe a (se) juca (jouer) est clairement attesté à la forme non-réfléchie, tout au moins dans l'ancien roumain (3).

(1) Voir, entre autres études, celles d'E. Petrovici, Studii de

dialectologie și toponimie, București, 1970. Idem, Les éléments sud-slaves orientaux de l'istro-roumain et le territoire de formation de la langue roumaine dans Actes du 1er Congrès international des études balkaniques et sud-est européennes, VI, Sofia, 1968, pp. 203-210. E. Lozovan, Unité et dislocation de la Romania orientale, "Orbis", III, 1954, pp. 123-137. Ainsi que le volume Relations between the autochthonous population and the migratory populations on the territory of Romania, Bucharest, 1975.

(2) E. Petrovici, Raportul dintre isoglosele dialectale slave și isoglosele elementelor slave ale limbii române dans Studii..., p. 74 et surtout pp. 77-78.

(3) Cf Dicționarul Academiei, III, București, 1935, pp. 60-61.

Chapitre 4

ABSENCE D'ELEMENTS GERMANIQUES DANS LA LANGUE ROUMAINE

Pour comprendre l'absence d'éléments germaniques anciens dans le roumain, l'unique explication proposée par les adeptes des thèses migrationnistes est la formation du roumain en dehors de la zone carpatho-danubienne. Or, la présence des Goths, puis de Gépides dans cette région, du IVe au VIe siècles, est indubitable - dans des limites toutefois sur lesquelles nous reviendrons.

Les linguistes et les historiographes roumains ont déjà démontré, qu'en principe, l'absence de ces éléments ne prouve rien puisqu'un effet exercé sur le vocabulaire d'une langue ne découle pas automatiquement d'une cohabitation dans un espace géographique donné. Ainsi, les Basques qui se trouvèrent envahis par les Wisigoths, à partir du Ve siècle, ne conservent aucune preuve certaine des emprunts germaniques anciens.

En outre, une influence lexicale produite à travers des contacts visant les superstructures, transitoires de par leur nature même, se perd aisément dans une culture orale comme celle développée dans l'espace daco-romain et protoroumain.

Néanmoins, on propose environ dix étymons germaniques anciens pour le roumain. La raison de ce chiffre infime réside tout simplement dans le fait que les tribus germaniques demeurèrent très peu de temps sur le territoire de la Dacie.

Les Wisigoths ne sont restés que durant une période qui s'étend de 313 - 319 (approximativement), lorsque le pouvoir militaire des Daces libres de Moldavie fut anéanti, à 332, année où fut conclu le _foedus_ avec Constantin le Grand. Ils se sont établis, par groupes compacts, surtout à l'est du Siret et dans la moitié orientale de la plaine de Monténie d'où ils lançaient de fréquentes incursions vers le Danube qu'ils franchirent en 377-378. Jusqu'à ce jour, on ne connaît pas d'habitat ou de cimetière wisigoth, ni dans l'ancienne Dacie romaine (Transylvanie, Banat, Olténie), ni à l'ouest du _limes_ alutain; il est possible toutefois qu'un nombre restreint de Wisigoths se soit infiltré, vers 350, dans la vallée supérieure du Mures.

Les Ostrogoths, dont le bref passage sur le territoire dace est attesté par des preuves archéologiques à partir de 420-430 et jusqu'en 488, ne représentaient qu'une mince couche dirigeante. Ils abandonnèrent, en 488, les terres de Pannonie, temporairement occupées, et s'installèrent en Italie.

Comme les Ostrogoths, les Gépides eurent leur centre politique à l'ouest des Carpathes Occidentales. Après 568, quelques tribus de Gépides se fixèrent en Transylvanie et y érigèrent des monuments qui disparurent vers 640-650. Mais, tout ce mouvement de peuples germaniques migrateurs n'affecta, ni le Banat, ni les régions extra-carpathiques. Les Gépides ont donc constitué le seul groupe germanique de quelque importance numérique en Transylvanie.

La description précédente a été esquissée après avoir délimité les vestiges des cultures matérielles :

- laissés par les diverses vagues germaniques, Cerneahov pour les Wisigoths, un certain nombre de tombeaux princiers pour les Ostrogoths et, enfin, le groupe Bandu-Bratei, le cimetière numéro 3, pour les Gépides,

- et ceux appartenant à la population autochtone daco-romaine, Bratei, le cimetière numéro 1, Hărman, Verbița-Gropșani, Băleni, Costișa pour les IVe et Ve siècles et Bratei-habitat, Sighișoara, Ipotești-Cîndești-Ciurelu-Botoșana II pour les Ve et VIe-VIIe siècles.

Les contacts entre les deux populations se virent entravés par le caractère fermé des communautés germaniques, organisées selon des lois et des coutumes qui leur étaient propres; en outre, la structure politique ainsi que le développement économico-social et les traditions spirituelles accusaient des différences quant à leur substance et leur évolution; enfin, les premières vagues migratrices, malgré des influences réciproques manifestes, opposèrent une résistance aux tendances assimilatrices de la civilisation romaine, refus concrétisé, entre autres, par l'adoption du christianisme sous sa forme arienne (1). Toutes ces circonstances ne favorisèrent aucunement une symbiose daco-romano-germanique ni, par conséquent, des emprunts lexicaux.

Au demeurant, comme l'a fort bien démontré S. Pușcariu, les Roumains empruntèrent aux Germains le verbe <u>a cotropi</u> (envahir) <u>qui est l'un des premiers mots entendus par nous</u> (les Roumains) <u>des Germains et la plus caractéristique trace de l'époque des invasions. Le fait même que l'on ne trouve</u> cotropi <u>que chez les Roumains du nord du Danube est également une preuve éloquente de notre continuité</u> (2).

D'ailleurs, il convient de rappeler que, dans d'autres régions qui vécurent sous la domination des Goths, des signes ne s'en sont conservés, ni dans la langue, ni dans les institutions. C'est le cas de l'Italie où exista un royaume ostrogoth; on peut également établir un parallèle intéressant entre la situation de la Rhétie qui échappa à la germanisation et celle de la Dacie. Si l'on en croit le linguiste A. Lombard, <u>il semble qu'une langue germanique pût pénétrer dans un pays montagneux sans laisser dans la langue de ce pays de traits durables, encore perceptibles</u> (3). Ni l'ethnogénèse, ni la continuité du peuple roumain et de la langue daco-romaine ne peuvent être suspectées de cette infraction à moins d'en accuser également d'autres langues romanes dans lesquelles l'élément germanique appartenant à l'adstrat et au superstrat se trouve, vraiment, en quantité réduite (4).

(1) Voir J. Zeiller, <u>Les origines chrétiennes dans les provinces danubiennes de l'Empire romain</u>, Paris, 1918, p. 417 sqq, J. Mansion, <u>Les origines du christianisme chez les Goths</u>, "Analecta Bollandiana", XXXIII, 1914, p. 5 sqq et C. Révillout, <u>De l'arianisme des peuples germaniques qui ont envahi l'Empire romain</u>, Paris-Besançon, 1850.

(2) S. Puşcariu, <u>Pe marginea cărţilor</u>, "Dacoromania", VIII, 1934-1935, p. 292.

(3) A. Lombard, <u>Destinele latinităţii orientale</u>, "Ramuri", XIII, 3, 1976, p. 16.

(4) Quant à l'ancienne influence grecque sur la langue roumaine, H. Mihăescu a prouvé, dans ses études, que la manière de laquelle elle s'est exercée sur le roumain indique clairement que le berceau des Roumains ne se trouve pas en Péninsule balkanique.

Chapitre 5

VOCABULAIRE AGRICOLE ET PASTORAL

Une étude de ce vocabulaire va exactement à l'encontre de la thèse migrationniste. Cette terminologie est le résultat, en effet, du processus de persistance historique de la population daco-romaine dans les conditions particulièrement difficiles de l'époque des invasions.

Du point de vue linguistique, ce processus s'illustre par la manière dont le substrat thraco-gète est englobé et remodelé par le strat latin, constituant un idiome spécifique de l'aire provinciale danubienne et subissant, par la suite, diverses influences des peuples migrateurs successifs qui formèrent l'adstrat.

La subsistance du latin sur la rive gauche du Danube est due à la volonté des habitants de cette région de parler la langue latine. Le fait que le lexique fondamental des principales occupations agraires et pastorales présente un pourcentage dominant de mots d'origine latine et conserve, en même temps, le plus grand nombre d'éléments du substrat thraco-gète, est le plus éloquent argument pour étayer cette assertion.

Dans l'espoir fallacieux de démontrer le prétendu caractère "pastoral-nomade" des Roumains, on a, plus d'une fois, essayé de donner un aspect absolu à ces observations en les appliquant, en exclusivité, au domaine pastoral par opposition au vocabulaire agricole. Or, l'analyse de ce lexique contredit cette interprétation des faits et confirme pleinement les données historico-ethnographiques qui distinguent les communautés protoroumaines, collectivités sédentaires d'agriculteurs et d'éleveurs de bétail.

Une remarque s'impose : alors que chez les pasteurs du sud du Danube, la transhumance de type balkanique suppose le déplacement de familles entières, de la plaine vers la montagne, sur toute l'aire nord-danubienne, où la transhumance est de type alpin, les troupeaux sont accompagnés uniquement par des hommes, souvent des professionnels délégués par l'assemblée villageoise, comme le prouve une fête ancestrale nommée Sîmbra oilor (1). Les femmes et les enfants, quant à eux, restent dans le village pour assurer la vie du foyer, en accomplissant également d'autres activités sédentaires, des petits métiers liés à la maison.

Ainsi, la possibilité d'une influence de la langue des pasteurs, par des termes apportés par les bergers roumains lors de leurs déplacements, se cantonne-t-elle, comme l'attestent les données linguistiques, à quelques emprunts d'appellatifs spécifiques. Il ne s'agit évidemment pas de minimiser l'importance de l'élevage en tant qu'occupation exercée par les Roumains, mais de comprendre et de lui assigner son rôle propre dans une économie protomédiévale et médiévale dans laquelle le village, <u>sat</u>, est le noyau vital de la société roumaine.

Le mot roumain <u>sat</u>, désignant une collectivité rurale et son territoire, dérive du latin <u>fossatum</u>, fossé (douve) de défense. Il est vrai que dans le Code de Voronetz apparaît l'ancienne forme <u>fsat</u> et qu'il existe, en albanais, le terme <u>fshat</u> avec le même sens; ceci s'explique, comme dans le cas de <u>cuvînt</u>, du latin <u>conventus</u>, et d'autres mots liés à la vie sociale, par la grande homogénéité linguistique du latin danubien qui incluait aussi des éléments du substrat thrace.

La terminologie concernant l'habitat constitue un excellent argument pour la latinité de la langue roumaine : les mots clefs sont latins à la notable exception toutefois de <u>vatră</u>, âtre, foyer, appartenant au substrat et signifiant, précisément, le centre stable de l'habitat. <u>Casă</u> (maison), <u>perete</u> (paroi), <u>fereastră</u> (fenêtre), <u>uşă</u> (porte), <u>poartă</u> (portail), <u>scară</u> (escalier), <u>celar</u> (cellier) sont tous des mots d'origine latine. Il est, par ailleurs, intéressant d'observer que le latin <u>tenda</u>, tente, c'est-à-dire un élément mobile, devient en roumain <u>tindă</u>, sorte de vestibule couvert de la maison campagnarde.

Les dénominations latines du mobilier, <u>masă</u>, table, de <u>mensa</u>; <u>scaun</u>, chaise, de <u>scamnum</u>; <u>cuptor</u>, four, de <u>coctorium</u> sont également probantes. A juste titre, on peut se demander si les objets correspondant à ces termes pouvaient vraiment figurer dans l'inventaire de ces "pauvres" pasteurs nomades que l'on essaie de présenter comme les ancêtres des Roumains... Il est pourtant évident que les Roumains se sont assis sur des chaises, à une table et ont fait cuire leur pain, <u>pâine</u>, du latin <u>panis</u>, dans un four ou dans l'âtre, et ceci en Dacie Trajane durant tous ces "siècles obscurs".

La richesse d'éléments d'origine latine que compte le vocabulaire agricole abonde dans le sens de la permanence des communautés sédentaires d'agriculteurs et d'éleveurs de bétail : <u>grâu</u>, blé, de <u>granum</u>; <u>orz</u>, orge, de <u>hordeum</u>; <u>mei</u>, millet, de <u>milium</u>; <u>secară</u>, seigle, de <u>secale</u> sont tous d'origine latine comme les dénominations des principales plantes du jardin : <u>ceapă</u>, oignon, de <u>caepa</u>; <u>usturoi</u>, ail, de <u>ustura</u>; <u>curechi</u>, nom dialectal de chou, de <u>cauliculus</u>; <u>lăptucă</u>, laitue, de <u>lactuca</u> (2).

Les termes liés aux travaux des champs et aux outils agricoles renforcent cette même origine latine : <u>a ara</u>, labourer, de arare; a semăna, semer, de seminare; a treiera, battre les céréales, égrainer, de tribulare; a vîntura, vanner, de ventulare; a pisa, piler, broyer, de pisare; a cerne, bluter, de cernere; sămînță, semence, de sementia; sapă, bêche, pioche, de sappa; seceră, faucille, de sicilem; cute, queux, de cotis; furcă, fourche, de furca; moară, moulin, de mola; jug, joug, de jugum; etc.

Le mot grapă, herse, mérite une attention particulière; d'origine latine lui aussi, il n'a été conservé qu'au nord du Danube - plus précisément à l'intérieur de toute l'aire roumanophone - tandis qu'au sud du fleuve, on emploie l'équivalent d'origine slave, brana. Il est clair que cette différence lexicale n'est nullement compatible avec l'hypothèse de la sédentarisation temporaire des Roumains dans la région sud-danubienne; elle suppose, au contraire, une existence historique distincte de celle des populations du sud du Danube, séparation qui remonterait, au moins, à l'arrivée des Slaves dans les Balkans.

Un fait secondaire, à première vue, est à méditer et prend toute sa signification dès que l'on tente de reconstituer ce que fut la cohabitation des autochtones et des latinophones dans les communautés rurales de Dacie Trajane et de Scythie Mineure. Deux termes désignant des oiseaux étroitement liés à la vie villageoise, cioară et barză, corneille et cigogne, proviennent du substrat thraco-dace et ne sont donc pas d'origine latine.

Dans le vocabulaire pastoral se trouvent, comparativement, un nombre important de termes issus du substrat : baci, maître-berger; baligă, bouse; brînză, fromage (3); căpușă, tique; fluier, flûte de berger; urdă, sorte de fromage doux typiquement roumain; zăr, petit-lait; gălbează, ver parasite vivant dans les voies biliaires des ovinés et des bovinés (4); murg, couleur d'animaux, surtout de chevaux, noir tirant vers le rouge foncé, cendré; tous ces mots sont intégrés structuralement dans le latin provincial et transmis uniquement par son intermédiaire, ce qui représente une preuve péremptoire de la continuité de la population sur ce territoire. Măgura, colline isolée, éminence, mamelon et mătură, balai, qui viennent du substrat possèdent une structure identique à lingura, cuiller, du latin lingula; brînză, fromage et rînză, gésier, ont la même structure que osînză, graisse de porc, elle aussi d'origine latine; viezure, blaireau, du substrat se comporte comme iepure, lièvre, lapin, du latin lepus, etc.

Il est tout à fait naturel, que dans des domaines particuliers où la connaissance, par les autochtones, des termes latins se heurtait à quelques difficultés - par exemple, en ce qui concerne la flore, la faune, les dénominations spécialisées liées aux diverses occupations notamment pastorales - les termes du substrat aient persisté.

Néanmoins, le vocabulaire d'origine latine pénétra même en ces secteurs, en des proportions importantes; dans le cas de la terminologie pastorale, à côté de brînză, on rencontre le mot caș, sorte de fromage de brebis typiquement roumain, du latin caseum; les noms du petit bétail - oaie, brebis, de ovis; berbec, bélier, de berbex; miel, agneau, de agnellus; ied, chevreau, de haedus - ainsi que les noms des bovinés - bou, boeuf, de bovus; bour, aurochs, de bubalus; vacă, vache, de vacca; vițel, veau, de vitellus; junc, bouvillon, de juvencus - tout comme ceux des suidés - porc, porc, de porcus; scroafă, truie, de scrofa; vier, verrat, de verres; purcel, porcelet, de porcellus - et des équidés - cal, cheval, de caballus; capră, chèvre, de capra; armăsar, étalon, de admissarius - tous proviennent de toute évidence du latin.

Il en est de même pour les principales désignations des activités du métier de berger : a mulge, traire, de mulgere; a paște, paître, de pascere; a tunde, tondre, de tondere; et, à côté de baci, maître-berger, à l'étymologie inconnue que l'on suppose provenir du substrat, existent păcurar, berger, de pecorarius et păstor, pasteur, de pastor. Enfin, le lexique des occupations similaires telles que văcar, vacher, de vaccarius et porcar, porcher, de porcarius, est indubitablement latin.

En prenant en considération toutes ces réalités linguistiques, il apparaît clairement que la prétendue divergence entre le lexique pastoral des bergers daco-romains "nomades" et le vocabulaire agricole des "sédentaires" est une fausse hypothèse. Les appellatifs roumains des travaux fondamentaux démontrent, sans équivoque possible, la continuité ininterrompue, dans leurs anciens "berceaux", des collectivités rurales daco-romaines possédant une économie agraire, par excellence sédentaire, tout au long de la période de formation du peuple roumain. Le fait que ces mêmes communautés ont duré, în vatra satelor, "au centre, au coeur même des villages", synthétise - par l'union d'un terme du substrat, vatră, foyer, centre, et d'un autre du latin, fossatum-sat, village - l'essence de ce processus dynamique qui assura la conservation de la substance intrinsèque de la nation et de la langue roumaines.

(1) Fête organisée après l'équinoxe de printemps, entre le 24 avril et le 10 mai, liée à la croissance des animaux. Voir G. Stoica, P. Petrescu et M. Bocșe, Dicționar de artă populară, București, 1985.

(2) A ceci, on peut opposer mazăre, petits pois, mot du substrat dace.

(3) Concernant l'origine pré-romane de brînză, fromage, on peut consulter le livre, ô combien riche, d'I. I. Russu, Etnogeneza românilor, București, 1981, pp. 270-273. Peut-être n'est-il pas, par ailleurs, totalement inutile de rapprocher brînză du célèbre fromage suisse sbrinz, déformation de la ville de Brienz où il est fabriqué.

(4) Voir l'albanais kël'bazë, gël'bazë.

Chapitre 6

VOCABULAIRE RELIGIEUX

Les éléments fondamentaux de la terminologie chrétienne sont, dans la langue roumaine, d'origine latine en commençant par creștin, chrétien, de christianus - en opposition à paganus; lege, de lex, qui signifie à la fois "loi" et "foi" ce qui est riche d'enseignements quant à la structure des collectivités de cette région; a crede, croire, de credere et credință, croyance avec le sens de "foi", de credentia, étymon latin tardif; scriptură, écriture, de scriptura, ce mot désignant toutefois en roumain uniquement les textes saints chrétiens - voir, en français, les Saintes Ecritures, l'Ecriture.

A ceci, l'on peut ajouter les fêtes et le culte : Crăciun, Noël, en ancien roumain Crăcion du latin creatio (1); Paște, Pâques, de Paschae; Florii, Rameaux également appelé dimanche de Pâque fleurie (2), de Floralia; Rusalii, Pentecôte aussi dénommée Pâque des roses (2), de Rosalia; păresimi, Carême, de quadragesima; a ajuna, jeûner, d'adjunare (3); a cumineca, communier, de communicare (3); cruce, croix, de crux; treime, trinité, de trinitas; rugăciune, rogations, prière, de rogationem; păcat, péché, de peccatum. L'origine latine se retrouve de la même manière dans Dumnezeu, Dieu, de Domine Deus; sânt (plus ancien que sfânt), saint, de sanctus; înger, ange, d'angelus.

Enfin, le vocabulaire propre à la hiérarchie et à l'organisation ecclésiastiques conserve des éléments latins essentiels, bien que cette terminologie fût remplacée, délibérément, lorsque le slavon devint la langue des offices religieux. On peut noter, en premier lieu, preot, prêtre, de presbyter et surtout biserică, église, de basilica, terme probablement antérieur en latin à ecclesia emprunté au grec. Il est à remarquer que si les Roumains avaient été christianisés au sud du Danube, ils auraient dû préférer ecclesia, appellatif généralisé dans les Balkans au IVe siècle; le fait d'avoir gardé le mot latin basilica - biserică plaide en faveur de leur présence, à cette époque là, au nord du fleuve.

Ces constatations corroborent les informations littéraires relatant les actions de prédicateurs d'expression latine, au nord du Danube, tels que saint Nicétas de Rémésiana (4) et l'évêque arien Ulfila (5).

(1) Cette étymologie est toutefois controversée. Voir I. Fischer, Latina dunăreană, București, 1985, p. 152.

(2) Voir Dom Guéranger, L'année liturgique, Paris-Poitiers, La Passion et la Semaine Sainte, 1900, p. 222 et Le Temps pascal, III, 1902, p. 283.

(3) Non attesté dans des textes, précise le DEX (Dicționarul explicativ al limbii române, București, 1984).

(4) Voir J. Zeiller, Les origines chrétiennes dans les provinces danubiennes de l'Empire romain, Paris, 1918.

(5) Cf V. Corazza, Un'altra prova della continuità daco-romana : Le parole latine in Ulfila, Roma, 1968.

LIVRE III

ARGUMENTS TOPONYMIQUES

ARGUMENTS TOPONYMIQUES

Si l'on considère l'ensemble des questions liées à la langue et à la continuité roumaines, il faut reconnaître que l'on a généralement accordé, à tort, une trop grande importance aux noms propres - du moins quant à l'aspect méthodologique.

Nous savons que les patronymes sont soumis à des influences fort diverses, voire parfois à des modes passagères. Qu'une personne porte un nom d'une certaine origine n'apporte pas, nécessairement, de preuve concluante sur sa propre provenance. Sinon, tous les Français qui, à la suite d'un engouement, ont été bâptisés Sacha seraient d'ascendance russe et il faudrait attribuer une filiation germanique à tous les Français autrefois appelés Guillaume (1).

Ce problème des patronymes est en relation directe avec celui des noms de lieu puisqu'ils peuvent dériver les uns des autres d'une manière biunivoque. Un Florea peut donner l'appellatif Floruți à un village et ses descendants pourront prendre, plus tard, la dénomination du village comme patronyme ! Or, puisqu'à cet endroit ont vécu, des siècles et des siècles, des populations chrétiennes, l'identification de l'origine ethnique à partir du nom est d'autant plus compliquée que les prénoms chrétiens ne connaissent pas les frontières et qu'ils sont aisément modifiables, chaque région adoptant sa forme spécifique.

Naturellement, il arrive parfois que le phonétisme original soit consigné par écrit comme ce fut le cas avec l'inscription sur la cruche de Capidava où la forme Petre est clairement roumaine et ne saurait être confondue avec le grec Petros. Mais, d'une zone à une autre et d'une période à une autre, le répertoire onomastique et les variantes propres à chaque nom peuvent être partiellement transposés, altérés ou traduits ce qui entraîne également des conséquences toponymiques.

La difficulté, en ce qui concerne la toponymie roumaine, découle de la rareté de documents médiévaux et du fait que conformément à l'usage des chancelleries de l'époque, les toponymes étaient toujours traduits soit en latin, soit en slavon.

Le changement de la toponymie originelle par l'adstrat allophone installé comme minorité dominante est parfaitement confirmé dans d'autres zones à l'origine romanes, telle la Suisse. La contradiction entre la microtoponymie - dénominations locales - et la macrotoponymie - dénominations de lieux importants, de rivières en leur totalité - est précisément une caractéristique de cette situation qui se retrouve dans la toponymie roumaine.

Cela est particulièrement vrai en Transylvanie, comme l'a montré I. Iordan (2); sur 80 toponymes d'un domaine d'un seul village, presque 90 % étaient encore roumains au début du XXe siècle bien qu'à cette époque le village en question, aujourd'hui Petreşti, portât le nom hongrois de Petrid. Ce cas s'est répété de nombreuses fois en Transylvanie, au Banat, en Crisana et au Maramures; des recherches ultérieures l'ont au demeurant confirmé.

Fortes de leur puissance et de leur autorité, les chancelleries féodales hongroises ont joué un rôle très important dans la traduction, en hongrois, des vieux noms roumains. Des localités portant des noms hongrois apparaissent mentionnées, dans les documents, avec aussi leur nom roumain; ainsi, Masthakon (1467) et Nyires (1501), aujourd'hui Mesteacăn, dans le département de Caraş-Severin; Waar (1485) et Mezfalva (1511), actuellement Var, dans le même département.

Il n'y a pas lieu de multiplier les exemples pour expliquer la traduction de la toponymie roumaine et slave de Transylvanie, mais la remarque suivante nous semble fort significative : <u>Les Hongrois avaient l'habitude de traduire ou de magyariser même les toponymes qui ne se rapportaient pas au territoire de l'ancienne Hongrie : Biograd na moru, en Dalmatie, Alba Maritima dans les documents latins, devient Tengerfehérvár (tenger = mare), Belgrade en Serbie, Nándorfehérvár, Iassy, en Moldavie, Jászvásár, etc.</u> (3). S. Puşcariu avait d'ailleurs, auparavant, attiré l'attention sur ce phénomène : <u>D'anciens toponymes sont souvent remplacés par des dénominations données par la nation conquérante. Ainsi, en Bucovine, la domination de plus de cent ans de l'Autriche fit que l'ancien Vatra Dornei, transformé officiellement en Dorna Watra, devint, prononcé par beaucoup de Roumains, Dornavatra. L'ancien Ilva Mică était devenu, pendant les dernières années de la domination hongroise Chişilva - en hongrois, Kiss Ilva</u> (4).

Pour plusieurs raisons, la thèse selon laquelle il n'existerait pas de toponymes daco-romains au nord du Danube, est abusive. Aux microtoponymes qui ne manquent pas, il convient d'ajouter quelques autres catégories.

Les macrotoponymes - surtout les noms des cours d'eau, Mureş, Criş, Someş, Olt, Argeş, Dunăre, etc. - sont d'origine daco-romaine. Ces appellatifs sont daces et ont été adoptés par les latinophones ce qui ne peut s'expliquer que par la permanente résidence de la population qui les a dénommés.

Par ailleurs, grâce aux parentés entre les langues balto-slaves et les langues thraces, toutes deux étant indo-européennes, il est possible, ce qui est méthodologiquement irréprochable, de postuler une provenance du substrat pour encore au moins quinze toponymes parmi ceux généralement considérés comme slaves.

Si nous ajoutons à ces noms de lieux, la fort abondante microtoponymie de caractère daco-romain, nous sommes confrontés à une évidence, relativement imposante, en faveur de la transmission ininterrompue des vieux qualificatifs d'accidents géographiques.

Les dénominations de villes posent un tout autre type de problème, car nous ne pouvons parler de continuité urbaine en aucun endroit situé au nord du Danube. En conséquence, de telles désignations ne pouvaient perdurer de l'Antiquité jusqu'au coeur du Moyen-Age sans qu'elles aient été liées à l'existence affirmée des villes elles-mêmes.

Des nombreuses édifications somptueuses de la Dacie de l'époque de Ptolémée, il ne reste, à la suite de guerres et d'invasions, que des vestiges; de la même manière, dans la mémoire des Xe-XIVe siècles, ne se sont conservés, de la vieille toponymie, que des membres "disparates".

Signalons, en outre, le fait qu'au sud du Danube, là où des fortifications romano-byzantines ou des premiers temps du Moyen-Age se perpétuèrent, les Aroumains gardèrent le terme <u>mur</u> du latin <u>murus</u> avec le sens de muraille d'enceinte; en revanche, au nord du Danube, cet appellatif s'est perdu. Par ailleurs, la persistance au nord du fleuve du mot <u>lemn</u> (bois) du latin <u>lignum</u> nous permet d'apprécier l'importance exceptionnelle de ce matériau de construction dont les traces sont pourtant difficiles à repérer.

Enfin, au sud du Danube, il n'existe pas de toponymes qui continuent, en consonance avec les lois phonologiques des langues romanes, de vieilles dénominations. Cette constatation annule l'argument - fréquemment invoqué par des défenseurs de la thèse de la migration - argument selon lequel l'absence de tels toponymes au nord du Danube prouverait le transfert intégral des latinophones sur l'autre rive du fleuve.

Au contraire, la présence de nombreux toponymes d'origine slavone démontre, d'une manière péremptoire, la continuité roumaine. Comme le notait E. Petrovici, <u>si les Roumains étaient venus, de la Péninsule balkanique, à peine au XIIIe siècle,</u>

69

comment expliquer le fait que les noms de localités et de rivières n'aient pas été empruntés aux Hongrois, maîtres de la région, mais aux Slaves ? (5).

L'assimilation complète des Slaves dans tout l'espace qui s'étend du Dniestr jusqu'à la puszta était, au XIIIe siècle, depuis longtemps accomplie. Par conséquent, toutes les influences slaves maintenues en Transylvanie indiquent, obligatoirement, une cohabitation slavo-roumaine antérieure de plusieurs siècles à ce XIIIe siècle. Ainsi que l'affirmait E. Petrovici, <u>il est évident que la toponymie slave de Transylvanie prise par les Roumains directement aux Slaves (voir le roumain Bălgrad, le hongrois Gyulafehérvár; le roumain Tîrnava, le hongrois Küküllo, etc) prouve qu'a existé, en Transylvanie, avant l'arrivée des Hongrois, une symbiose roumano-slave</u> (6). Ceci est important à relever puisque ces conclusions confirment les informations conservées par l'Anonyme sur la présence, dans les "duchés" (voévodats), de Valaques et de Slaves qui ont résisté à la pénétration magyare en Transylvanie.

Quand les collectivités slaves s'installèrent, notamment sur les cours inférieurs et moyens des rivières, les Slaves traduisirent, purement et simplement, les noms d'antan dans leur propre langue. On obtient ainsi une situation d'hydronymes à plusieurs noms; la rivière <u>Bistrița</u> (c'est-à-dire, en slavon, "l'eau rapide") porte, vers sa source, le nom de <u>Repedele</u>, l'équivalent latin de Bistrița; la rivière <u>Sebeș</u>, nom hongrois signifiant également "rapide", s'appelle, sur son cours moyen, <u>Bistra</u> et, vers sa source, <u>Frumoasa</u>, nom on ne peut plus latin lui-aussi, avec le sens de "la belle".

Cette opération de traduction est parfaitement prouvée, historiquement, par une localité de Dobroudja nommée aujourd'hui Camena (7). En slavon, <u>Camena</u> signifie "pierre"; or, sur le lieu de cette localité, il est attesté, à l'époque romaine, un <u>vicus Petrensis</u> - d'où le nom de <u>Petra</u>, "pierre" - que seuls les latinophones locaux ont pu transmettre et traduire à l'usage des nouveaux venus de langue slave. La Dobroudja est d'ailleurs très riche en toponymes successivement traduits du latin en slavon, puis en grec et/ou en turc. Si Constantsa est un nom impérial-Constantia - du vieux Tomis, Bisericutsa et Portitsa sont, toutes deux, à l'évidence, d'origine latine et Durostorum est devenue Dristor, etc. Tout ceci indique une présence majoritaire des Roumains même dans cette zone des bouches du Danube et de la côte de la Mer Noire naturellement cosmopolite.

Mais il est vrai qu'une évaluation rapide - ou partielle - de cette évidence pourrait conduire à conclure en faveur de l'absence de toponymes roumains sur le territoire entre le Danube et la Mer Noire ... (8).

A part les toponymes traduits, il existe aussi les cas de toponymes approchés. Les Slaves ont découvert la cité Dierna-Tierna tout près d'une eau sans doute homonyme et ont donné à cette cité le nom de Cerna, "noire", confondant le toponyme dacoromain avec leur propre adjectif. L'eau, Berzovis en dace, a reçu un nom intelligible en slavon, Berzava, c'est-à-dire Bistrița, "la rapide". Un autre exemple est plus complexe : Mavrokastro, "la cité noire", en grec byzantin, porte le nom de Cetatea Albă, "la cité blanche", en roumain.

Il est évident que de tels mécanismes de transposition prouvent, dans un contexte historico-linguistique, l'installation d'allogènes dans des territoires habités sans interruption par des latinophones devenus Roumains. Il faut tenir compte du fait que, souvent, nous ne disposons que de l'un des termes transposés, en général le plus récent en raison de la situation tout à fait précaire des documents écrits datant des périodes d'origine. En suppléant à cette lacune, nous pouvons affirmer que la majorité des toponymes tardifs d'origine slave et post-slave représentent des traductions ou des altérations de vieux noms romans et roumains; ceci est bien la preuve de la présence d'une population autochtone dans tout l'espace carpatho-istro-pontique, au moment de la pénétration des Slaves et des autres peuples migrateurs qui leur succédèrent dans cette région.

Il convient de remarquer, par ailleurs, que l'appellation globale "toponymes d'origine slave" risque d'occulter la variété de ces toponymes très souvent créés à partir, soit d'une base slavone avec des suffixes latins, soit de noms d'origine latine avec des suffixes d'origine slavone. Les seuls toponymes qui mériteraient pleinement le nom de "slaves" sont ceux créés uniquement à partir de composantes ne se trouvant pas en roumain (9).

L'existence des toponymes hongrois en Transylvanie s'intègre, sans aucune difficulté, dans ce même processus. L'installation des féodaux hongrois dans le voévodat de Transylvanie a entraîné la reprise et la modification d'un grand nombre de vieux toponymes roumains. Là où nous disposons de documents qui l'attestent, nous constatons souvent ce phénomène (10); Abrud, mentionné comme tel dans un document de 1271, Budila transformé en Bodola (1294), Cîlnic devenu Kelnek (1269), Cluj - Clus (1183), Cristis - Keresztes (1197), Dobîca - Doboka (1196), Poiana - Polyán (1291), Sălicea - Szelicse (1297), Stana-Esztana (1288). Dans d'autres cas, il s'agit de traductions comme Straja - Oregyhaz (1274) ou de combinaison entre traduction et approximation; ainsi, Rîul Alb a-t-il reçu le nom de Fehérviz qui a le même sens, Rîul de Mori celui de Malomvize, Rîul Bărbat-Borbatvize, Mărul - Almafalva, Cîmpulung - Hosszümezö, Valea Porcului - Disznópataka, Mesteacăn - Mastakon ou Nyires, etc.

71

Enfin, il y a le cas des consignations dans des documents où l'on lit les deux noms : <u>Teglavar vulgariter secundum vero Olachos Charamida</u> trouve-t-on dans un document de 1371 (<u>Teglavar</u> "la ville des briques" <u>ou, comme disent populairement les Valaques, Charamida,</u> "briques"); <u>Chirnavoda villa Fékéteviz</u>, dans un document de 1383 (Cernavodă, c'est-à-dire "rivière noire"). Dans d'autres documents du XIVe siècle, on mentionne sous le nom hongrois de Nogfalu, Sălişte ("grand village"), avec l'apposition <u>Magnam villam Walachikalem</u>, "le grand village des Valaques".

Ceci prouve, par conséquent, que prendre en considération la toponymie à son stade tardif afin de prétendre que l'élément roumain en est précisément absent, est une erreur méthodologique. Les phénomènes que nous avons rappelés, et qui se répartissent uniformément sur la totalité du territoire de Transylvanie, du Banat et de Crisana, montrent, sans contestation possible, l'existence d'une couche archaïque de noms latins partiellement altérés du fait de la présence des Slaves et de la massive modification par les autorités féodales hongroises qui avaient l'habitude, naturelle aux conquérants, ainsi que l'intérêt, de remplacer la toponymie roumaine par des noms hongrois (ou allemands dans les enclaves des colons saxons).

Le caractère systématique de ces traductions et modifications présuppose donc une action délibérée de l'autorité centrale qui essaya, par la force et la contrainte, de s'arroger la légitimité de la possession <u>de facto</u> et de la faire apparaître comme une domination <u>de jure.</u> D'aucuns ne prétendent-ils pas établir le caractère non-roumain de la toponymie de Transylvanie, oubliant que n'importe quelle recherche toponymique doit, obligatoirement, être précédée d'une investigation historique concernant le passé et le lieu dénommé d'une manière ou d'une autre ?

Que l'on nous permette de donner un exemple éloquent où un tel "court-circuit" peut induire en erreur. Le nom du village de Zalasd pourrait être perçu comme hongrois (ce fut, au demeurant, le cas); on penserait ainsi encore aujourd'hui si l'on n'avait appris, d'un document, qu'il s'agissait en fait d'un lieu fondé par le cnèze Stroia et par un nommé Zeic, aucunement hongrois d'après le nom et que ce village portait à l'origine un toponyme slavo-roumain, Zlaşti (voir Zlatna, <u>ce qui est lié au gisement aurifère</u>), Zlaşti qui a été ensuite transformé, adapté, dans le hongrois Zalasd.

Dans un document de 1373, sont mentionnés les monts <u>Wegsaghavasa</u>, au Maramures, transcription latine du hongrois Vigsáhavasa, "montagnes de la fête", <u>alio nomine Nedele</u>, "autrement dit Nedele". Or, <u>nedeia</u> est une fête traditionnelle des bergers roumains comportant d'anciennes traces de traditions pré-romaines qui ont comme cadre naturel des cimes boisées et des clairières; il est difficile de croire que les Hongrois fêtaient nedeia dans des contrées du Maramures avant 1373. De plus, les noms roumains étant spécifiques et les noms hongrois génériques, seuls les Roumains savaient exactement ce qui se fêtait, alors que les Hongrois ne purent qu'avoir vent de quelque chose concernant cette pratique qui leur était étrangère (11).

Les scribes de la chancellerie, d'origine hongroise, transposaient, selon la coutume de l'époque, les toponymes inintelligibles pour eux, dans la langue des autorités. Ils écrivaient, par exemple, Dragomérfalva pour Dragomirești, village fondé par un Roumain du nom de Dragomir. L'unification hongroise des toponymes de Transylvanie conserve nettement la trace des réflexes linguistiques et des manipulations délibérées qui ont conduit à la disparition des noms roumains de lieu.

Les conclusions auxquelles est arrivé E. Petrovici sont fort importantes pour l'histoire réelle de la région intra-carpathique : A chaque fois qu'un toponyme se présente sous la forme roumaine et hongroise, il est certain que celle-ci est ultérieure et traduit la première ou lui substitue une dénomination hongroise indépendante. Les noms de localités sont des étiquettes. Il est naturel que la classe dominante et l'administration qui la représente, aient tendance à utiliser l'étiquette avec laquelle elles sont familiarisées et non pas les formes qui leur sont rébarbatives. La noblesse hongroise ou magyarisée, ainsi que l'administration, ont pratiqué la magyarisation des toponymes tout au long du Moyen-Age (12).

N. Iorga comparait jadis la toponymie de Transylvanie à celle d'Amérique. Il soulignait le parallélisme entre cette toponymie transylvaine et celle des zones où les colons anglophones ont rencontré les populations autochtones auxquelles ils ont emprunté les toponymes les plus variés, d'Idaho à Milwaukee. Au contraire, dans des zones où les Indiens ont été chassés ou exterminés, cette similitude n'existe pas.

La répartition des noms roumains en Transylvanie est générale et uniforme tandis que les noms germaniques, flamands ou même hongrois, apparaissent systématiquement sous la forme d'enclaves. Ceci reflète exactement la superposition des populations et nous renseigne sur la manière dont s'est déroulée l'installation des Hongrois, des Saxons et des Souabes, notamment sous l'aspect d'une colonisation organisée. Il n'est pas douteux que les éléments magyars sont uniquement dus à la présence ponctuelle de quelques soldats et de quelques dignitaires écrivait, à juste titre, cet historien, car une véritable pénétration populaire aurait eu comme conséquences des toponymes rendant compte de la spécificité des cours des rivières et des conformations des montagnes (13).

(1) Si l'on acceptait cette thèse, il faudrait considérer comme d'origine germanique, par exemple, Guillaume Ier Ruzé, seigneur de Beaulieu, Conseiller au Parlement de Paris en 1482, son fils Guillaume II, seigneur de Beaulieu, Receveur Général des Finances en Touraine, Maire de Tours en 1533 (tout comme son grand-père Jean III Ruzé, seigneur de Beaulieu, en 1463) et Guillaume III Ruzé, évêque d'Angers, Aumônier du Roi, Confesseur d'Henri III, roi de France et de Pologne. Or, notre famille, comme du reste le montrent le patronyme - et des documents - est d'origine tourangelle.

Par ailleurs, comment ne pas être touché en constatant que ce Jean III Ruzé fut le trisaïeul de Martin II Fumée qui, après avoir traduit Procope, publia, en 1595, l'Histoire générale des troubles de Hongrie et Transylvanie dans laquelle il rappelle la romanité des Roumains ?

(2) I. Iordan, Toponimie românească, București, 1963, p. 3.

(3) ibid., p. 4.

(4) S. Pușcariu, Pe marginea cărților, "Dacoromania", IV, 1924-1926, p. 1348.

(5) E. Petrovici, Dovezile filologice ale continuității, "Transilvania", 74, 1943, 3, p. 11.

(6) E. Petrovici, Les Slaves en Grèce et en Dacie, dans Studii de dialectologie și toponimie, București, 1970, p. 149.

(7) G. Florescu, Două monumente epigrafice și problema continuității, "Revista istorică română", 1940, pp. 164-174.

(8) Voir G. I. Brătianu, La Mer Noire, München, 1969.

(9) E. Petrovici, Românii creatori de toponime "slave" dans Studii de dialectologie și toponimie, București, 1970, p. 290 sqq.

(10) Voir G. Kisch, Siebenbürgen im Lichte der Sprache. Ein Beitrag zur Kulturgeschichte der Karpathenländer, Leipzig, 1929.

(11) E. Petrovici, <u>Toponimia ungurească în Transilvania medievală</u>, "Transilvania", 74, 1943, 2, p. 121.

(12) <u>ibid.</u>, p. 118.

(13) N. Iorga, <u>Istoria Românilor</u>, III, București, 1937, pp. 46-47.

LIVRE IV

ARGUMENTS ARCHEOLOGIQUES

Chapitre 1

LES GETO-DACES AVANT LA CONQUETE ROMAINE

Les recherches archéologiques et linguistiques - les seules en mesure de nous aider à discerner les phases plus anciennes du processus de formation du peuple et de la langue roumains - fournissent la preuve que l'ethnogénèse du peuple roumain, ethnogénèse remarquable par son unité, sa continuité et ses aspects spécifiques, ne put s'accomplir qu'à l'intérieur du bassin carpatho-danubien.

Le philologue B.P. Hasdeu eut le mérite d'avoir attiré l'attention sur le rôle que jouèrent le strat, le substrat et l'adstrat au cours de cette évolution.

Pour en saisir la durée et la cohésion, il faut remonter à l'aube de l'âge du bronze, vers 2000 avant J.-C., moment où prirent fin le néolithique et l'énéolithique; ceci est lié à la migration de quelques tribus de pasteurs que les archéologues considèrent comme la première pénétration des Indo-Européens, venue qui aurait provoqué l'élimination violente de la population primitive néolithique. Des investigations plus récentes montrèrent que cette pénétration eut le caractère d'une très longue et lente infiltration.

Un seul exemple suffira : la céramique de type Cucuteni C- qui se différencie nettement, par sa modestie technique et décorative, de la splendide céramique peinte de type Cucuteni A, A-B, B (1) - apparaît sporadiquement, puis de plus en plus fréquemment à partir de la phase A, vers 3100 avant J.-C. Mais elle ne sera prédominante qu'à partir de 2000 avant J.-C. lors de l'épanouissement de l'époque du bronze où l'on peut déjà parler de la génèse des tribus thraces, illyriennes et des premières tribus grecques, les Achéens. Une telle approche permet de conclure que le premier afflux de Grecs, attesté par des preuves archéologiques en Grèce et dans les îles autour de l'an 2000 avant J.-C., emprunta aux autochtones néolithiques un bon nombre de termes ainsi que d'intéressantes formes de culture et de civilisation, y compris la technique de cultiver des plantes agricoles ignorée des nouveaux venus.

Des déductions analogues pourraient être tirées en ce qui concerne aussi bien les Illyriens que les Thraces et la branche septentrionale de ceux-ci, les futurs Géto-Daces. Le parallélisme parfait entre l'histoire ancienne des Grecs d'une part, celle des Thraces, des Géto-Daces et des Illyriens d'autre part, est éclairé par de nouvelles manifestations archéologiques concomitantes, liées à l'évolution historique de ces tribus et coïncidant avec le commencement de la période du fer (Hallstatt); ces expressions peuvent être expliquées par l'arrivée d'une nouvelle vague grecque (les Doriens qui s'établirent en Grèce après 1150 avant J.-C.), thrace, illyrienne, géto-dace.

De nombreux dépôts de bronze et la culture appelée Noua (du nom d'une fort ancienne localité près de Brasov datant des derniers siècles du IIe millénaire - début du premier millénaire avant J.-C.) illustrent le passage de l'âge du bronze à celui d'Hallstatt dans l'espace nord-danubien (2). Il convient de souligner que la même césure apparente existe dans toute la région balkanique; l'on peut affirmer que la cristallisation définitive des tribus géto-daces et de leur civilisation, au début du 1er millénaire, constitue une étape archéologique importante et, dans une certaine mesure, un moment linguistique déterminant de l'histoire des populations à l'époque du bronze et du fer dans l'espace carpatho-danubien. L'apogée de cette évolution fut atteinte pendant la deuxième période du fer avec la brillante civilisation dace qui pouvait s'enorgueillir de ses impressionnantes citadelles situées au coeur de la Transylvanie, à l'est et au nord des Carpathes et dans les montagnes d'Orăştie; la création, par le roi Burébista, il y a plus de 2000 ans, du premier Etat dace, centralisé et indépendant, en constitua le zénith politique (3).

Les fouilles archéologiques et les recherches historiques effectuées ces trois dernières décennies permirent de relever que les éléments daces - cités, citadelles, sanctuaires, habitats, outils en fer, ustensiles surtout en céramique, ornements en argent, la célèbre "tasse dace" (qui apparaît au IIe siècle avant J.-C. et qui servait à brûler des essences parfumées selon les vieilles coutumes daces liées au culte des morts) - se distinguent tous par des traits techniques et artistiques propres que l'on observe sur la totalité du territoire roumain actuel. Des citadelles, des outils, des ornements semblables à ceux des monts d'Orăştie se trouvent sur toute l'étendue de la Transylvanie, du Banat, du Pays des Cris ainsi qu'au sud et à l'est des Carpathes, en Olténie, en Monténie, en Moldavie et en Dobroudja. Le caractère visiblement homogène de la civilisation dace, explicable par une même génèse et par une évolution similaire de ces très anciennes tribus, facilita l'unification de celles-ci en un seul Etat sous l'autorité du <u>plus grand des rois de Thrace</u>, Burébista.

Ceci contribua également à ce que Décébale pût restaurer, s'appuyant sur les mêmes structures unitaires, le puissant Etat dace qui allait affronter Rome avec un acharnement inconnu jusqu'alors; ainsi, la conscience d'appartenir à un seul et même peuple stimula les différentes tribus daces dans leur combat farouche pour sauvegarder leur liberté et leur indépendance. La Colonne trajane, à Rome, et le monument triomphal d'Adamclissi, en Dobroudja, illustrent la bravoure des Daces et les artistes romains tinrent à célébrer la vigueur et l'énergie des adversaires de l'Empire. D'ailleurs, la conquête de la Dacie, tranformée en province romaine, représenta la limite maximale de l'expansion de Rome dans le sud-est européen.

Les raisons stratégiques et politiques qui poussèrent Trajan à étendre sa domination sur la Dacie justifient l'empressement à organiser la nouvelle province, à construire des villes, des routes et des citadelles militaires. A côté de l'ancienne population dace s'installèrent, dans les nouveaux centres urbains et ruraux, rapidement et d'une manière systématique, des colons venus de tout le monde romain. L'existence de ces voies de communication romaines, ces célèbres routes pavées qui reliaient les villes-garnisons des nombreuses troupes impériales, les grands centres administratifs et économiques, ainsi que la rapide urbanisation (4) de la Dacie assurèrent la progression considérable de la romanisation.

Au demeurant, on comprend aisément l'attirance exercée par la civilisation romaine sur la population indigène, non seulement au nord du Danube, mais également en Dobroudja, terre qui, avant même la Dacie, devint partie intégrante de l'Empire romain, au sein de la province de Mésie Inférieure.

(1) E. Condurachi et C. Daicoviciu, Roumanie, Genève, 1972, pp. 53-56. V. Dumitrescu, Arta culturii Cucuteni, București, 1970.

(2) V. Dumitrescu, Arta preistorică în România, București, 1974, pp. 341-342.

(3) Voir H. Daicoviciu, Portraits daciques, Bucarest, 1987.

(4) M. Constantinescu, Le processus d'urbanisation, Bucarest, 1974.

Chapitre 2

UN CAS SPECIFIQUE : LA DOBROUDJA

Peuplée depuis des temps immémoriaux par les Géto-Daces - Strabon, au Ier siècle avant J.-C., ne soulignait-il pas que les Daces et les Gètes parlent la même langue ? - la Dobroudja apparait mentionnée avec de multiples et intéressants détails dans l'historiographie grecque ancienne, notamment chez Hérodote. En effet, le père de l'Histoire, dans le IVe livre de son oeuvre, en parlant de l'expédition, en 514-513 avant J.-C., de Darius 1er, roi des Perses, contre les Scythes du nord de la Mer Noire et du passage de l'armée perse en Dobroudja, affirme que les Gètes furent les seuls à oser s'opposer à l'invasion de leur territoire situé entre le Danube et le Pont-Euxin (1).

Des recherches archéologiques prouvèrent que la présence de certaines tribus, appelées par la suite gètes, est attestée dans la zone carpatho-danubienne autour de l'an 1800 avant J.-C.; les fouilles récentes complètent ces données et montrent qu'il s'agit d'une population fort bien organisée établie dans la même région tout au long du premier millénaire avant J.-C., ce que confirme la toponymie de nombreuses localités (Buteridava, Sacidava, etc.).

Aux VIIe-Ve siècles avant J.-C., sur les bords de la Mer Noire, furent fondées maintes colonies grecques dont la vie économique et politique, enregistrée par les sources antiques, est corroborée par les investigations archéologiques et les documents épigraphiques (2). Ainsi, du côté roumain de la Mer Noire, fleurirent Argamum, Histria, Callatis et Tomis, la ville où fut exilé Ovide (3). Les rapports entre les colons grecs du Pont-Euxin et les indigènes Géto-Daces de nombreux villages et petites villes de Dobroudja et de Dacie se développèrent et devinrent de plus en plus étroits et fructueux au cours des siècles suivants.

Les Romains n'atteignirent le Moyen-Danube qu'en l'an 15 après J.-C. et créèrent la province de Mésie entre les Balkans et le fleuve. Une longue période de tranquillité économique et politique, assurée par la nouvelle domination romaine, s'avéra favorable à l'épanouissement des villes pontiques et de la population géto-dace de la contrée; un exceptionnel développement de la civilisation romaine aux Bouches du Danube fut ainsi possible. Villes et villages surgirent en bon nombre à côté des anciennes cités grecques en pleine prospérité, telle Tomis qui devint la métropole de toute la zone occidentale de la Mer Noire.

Les monuments à caractère public ou privé se multiplièrent au point que l'on peut avancer l'idée selon laquelle, du Ier au VIIe siècles après J.-C., cette partie du monde fut l'une des plus civilisées du sud-est européen. Une intense activité économique due au commerce avec les Géto-Daces et avec les cités grecques du bassin de la Mer Egée, s'intensifia dans les cités pontiques; Callatis, puis Tomis et Histria, allaient devenir les plus notables centres de production de toute la Dobroudja. Une profusion d'ateliers de métallurgie ou de céramique et de verrerie, mis au jour par les chercheurs, fournirent la plupart des outils et des objets indispensables à l'agriculture et à la vie quotidienne. Une quantité impressionnante de figurines et de statuettes retrouvées à Tomis et à Callatis illustrent la production intense de quelques ateliers de coroplastique d'une tradition vieille de plusieurs siècles; on suppose d'ailleurs la même origine pontique à des vases de type romain découverts dans les localités géto-daces au nord du Danube. En revanche, les exemplaires de luxe, avec leur beau décor floral en relief rappelant les vases italiques d'Arretium, furent certainement importés d'Asie Mineure ou de Gaule, comme ce fut aussi le cas d'autres objets notamment ceux fabriqués en or ou en marbre.

L'exploitation de richesses, et tout d'abord des carrières de pierre pour l'érection des édifices publics et privés, fut également favorisée par le développement de la vie économique de la Dobroudja romaine. Les ruines de ces monuments, surtout celles de Tomis, présentent un caractère imposant dû à leurs vastes dimensions ainsi qu'au choix heureux des matériaux et des experts appelés à les bâtir. Des dizaines de temples, basiliques, sanctuaires, édifices de l'administration civile ou militaire, installations portuaires, murs d'enceinte - restaurés au IIe siècle après J.-C. - aqueducs, thermes - construits aux IIe et IIIe siècles - nécessitaient une immense quantité de matériaux et nombre d'architectes, de tailleurs de pierre, de maçons et de mosaïstes spécialisés.

Pendant deux siècles, aux IIe et IIIe après J.-C., on note l'urbanisation de cette province ainsi que l'apparition d'une multitude d'agglomérations rurales dont les vestiges sont encore visibles de nos jours. Certains centres géto-daces plus anciens acquirent alors un caractère urbain attesté par des documents épigraphiques; ce fut le cas d'Axiopolis (près de Cernavodă) ou de Troesmis (Igliţa) probablement fondée grâce à l'installation des familles des légionnaires romains de la Ve Macedonica cantonnés, à l'époque de Trajan, sur les rives du Danube. Deux autres fort anciennes localités situées au nord de la Dobroudja méritent une attention particulière : Noviodunum (Isaccea) dont le nom suggère une origine celtique et Aegyssus (Tulcea), citée par Ovide comme une puissante forteresse géto-dace. Elles devinrent des ports de la flotte impériale (classis Flavia Moesica) et des sièges de perception des taxes douanières du

Danube (<u>portorium ripae Thraciae</u>), tout en étant d'importants lieux de diffusion des produits fabriqués dans les villes de Dobroudja (4).

Il est, par ailleurs, indéniable que les petits centres de la périphérie des <u>castra</u> ou des citadelles romaines du Danube (Capidava, Sacidava, Carsium Cius, Arrubium, Dinogetia et, au-delà d'Aegyssus, sur le bras St-Georges du Danube, Talamonium, Salsovia, Adstoma, Hamyris) donnèrent lentement naissance à des habitats semi-urbains où prospérèrent l'artisanat et le commerce.

Quant à l'intérieur de la Dobroudja, le plus célèbre des municipes était Tropaeum Traiani, près du monument triomphal érigé par Trajan, Adamclissi; à cet endroit, devenu <u>municipium</u> sous Marc-Aurèle, vivaient beaucoup de vétérans auxquels on avait accordé des droits de propriété sur la riche région environnante (5).

Il n'est sans doute pas totalement inutile de souligner que les civilisations dace et daco-romaine évoluèrent en étroite liaison avec celle, romaine, du sud du Danube ce qui permit leur floraison. La Mésie et la Scythie Mineure, qui restèrent provinces romaines même après le retrait des troupes romaines de Dacie en 271, continuèrent à jouer un rôle loin d'être négligeable, bien au contraire, dans l'histoire sociale, économique et culturelle de la population daco-romaine et des Daces libres du nord du Danube.

Parmi les sites archéologiques examinés, il faut mentionner la nécropole de Berrhoé (aujourd'hui Piatra Frecăței), le plus étendu des cimetières romains du sud-est européen avec plus de 1200 tombes datant du IIe au VIIe siècles après J.-C. Cette nécropole illustre de manière convaincante l'implantation et la diffusion de la civilisation romaine provinciale en Dobroudja. On y note la présence, pour la phase initiale, de quelques tombes d'incinération appartenant à la population autochtone géto-dace, l'apparition ensuite d'un rite funéraire composite avec la fosse rituellement brûlée, - ce qui peut être considéré comme le signe par excellence d'une romanisation commençante - enfin, à une vaste échelle, celle de nombreuses tombes d'inhumation de type romain, souvent recouvertes de tuiles. Cette dernière étape prouve la présence ininterrompue de militaires romains et de leurs familles jusqu'à la seconde moitié du VIIe siècle, soit bien après l'invasion slavo-avare de 602. La notion de romanisation devient ainsi un concept-clef permettant d'interpréter quelques aspects fondamentaux de l'histoire de la société qui vécut à cet endroit durant des siècles (6).

La manifestation d'éléments allogènes d'inventaire coïncide, d'une manière systématique, avec les moments historiques où l'on sait, avec certitude, que l'autorité romaine dans les provinces danubiennes renforçait les rangs de l'armée en engageant des barbares; or, ces éléments allogènes se présentent éparpillés sur l'ensemble de la nécropole ce qui conduit à deux conclusions : nous avons à faire à un recrutement individuel et non de masse, d'une part, et ces barbares - fussent-ils Goths ou Alains - se hâtèrent, devenus soldats de l'Empire, de se conformer aux coutumes provinciales romaines, d'autre part.

Par ailleurs, les conséquences de l'Edit de Constantin le Grand, en 313, se firent également sentir à Berrhoé. On le voit à l'orientation et à l'inventaire des tombes et, surtout, avec l'édification d'une basilique dans l'enceinte même du cimetière, église qui sera restaurée au temps de Justinien. Il ne saurait y avoir une preuve plus convaincante de la continuité romane en ce lieu vital de la frontière danubienne; le fait que cette région fut intégrée à un processus unitaire incluant les deux Mésies et la Scythie Mineure, vérifie la présence active et ininterrompue, dans le Bas-Danube, de l'autorité impériale et donc de la civilisation romaine, fondement de la continuité daco-romaine et romane sur la totalité de l'aire carpatho-istro-pontique.

Lorsque, suite à la crise interne de l'Empire et des attaques de plus en plus fréquentes des tribus migratoires, les Romains se virent obligés de renoncer à la Dacie romaine, difficile à défendre, la romanisation de cette province était à un stade trop avancé pour qu'elle pût être arrêtée.

En ordonnant le retrait, au sud du Danube, en Dacie Aurélienne, des troupes et des fonctionnaires romains, l'Empereur Aurélien ne prenait qu'une mesure stratégique qui, en aucun cas, n'aurait pu provoquer le transfert de toute la population romaine et daco-romaine.

(1) Hérodote, Histoires, Livre IV, 93. Voir également D. Berciu et A. Berciu-Drăghicescu, Războiul dintre Geți și Perși (514 î.e.n.), București, 1986.

(2) E. Condurachi et C. Daicoviciu, Roumanie, Genève, 1972, pp. 73-82. D. M. Pippidi, Les cités grecques de la Dobroudja dans l'histoire de l'Antiquité, Bucarest, 1977.

(3) Voir R. Vulpe, Istria, Tomis, Callatis, Bucuresti, 1966. Ovide, dont on peut admirer la statue sur l'ancienne agora devenue Place de l'indépendance, fut exilé à Tomis par Auguste. Il y revit les Métamorphoses, y termina les Fastes et y composa les Tristes et les Pontiques; Ovide mourut en

l'an 16 et fut enterré par les Tomitains.

(4) E. Condurachi et C. Daicoviciu, op. cit., p. 206.

(5) Voir R. Vulpe, Colonies et municipes de la Mésie inférieure dans le volume Studia thracologica, Bucarest, 1976, pp. 292-293.

(6) A. Petre, Quelques données archéologiques concernant la continuité de la population et de la culture romano-byzantine dans la Scythie Mineure aux VIe et VIIe siècles de notre ère, "Dacia", VII, 1963, pp. 346-347.

Chapitre 3

PREUVES DE LA CONTINUITE DACE (APRES L'OCCUPATION DE LA DACIE PAR LES ROMAINS)

Grâce aux preuves matérielless irréfutables, datant de la présence romaine en Dacie, éléments qui persistèrent et revêtirent des formes spécifiques après le retrait de l'administration romaine de la région danubienne, la continuité dace et le rôle des autochtones dans la civilisation provinciale de la Dacie romaine sont à présent amplement démontrés.

La découverte de certains vestiges à caractère dace dans les castra romains de Drajna, Buciumi, Bologa, Tîrgșor et dans les établissements civils romains de Stolniceni et Barboși (1), établit clairement que les vaincus et les colonisateurs furent rapidement, et en égale mesure, intégrés dans les nouvelles formes de la vie socio-économique et institutionnelle de la province. Nous pouvons, d'ailleurs, nous demander si cette cohabitation n'expliquerait pas la conservation, par le roumain, du terme latin civitas, transformé en cetate, avec le sens de "ville fortifiée" ainsi que la perte du mot urbs qui désigne la "ville" en général; à moins que les fortifications tardives d'Ulpia Traiana Sarmizegetusa - la capitale de la province romaine - soient responsables de cette saisissante translation de valeur sémantique.

Le nombre des Daces incorporés à l'administration provinciale était considérable; ceci se trouve confirmé par l'étendue et la durée des cimetières daces - tels ceux trouvés à Soporu de Cîmpie, en Transylvanie (2) et à Locusteni, en Olténie (3)- ainsi que par les dimensions et la densité de l'habitat dans les agglomérations à culture mixte, dace et romaine, d'Archiud, Cașolț, Noșlac, Obreja (4).

Ces agglomérations daces où l'on peut observer directement la continuité de la même population, depuis le Ier siècle avant J.-C. jusqu'aux IIe et IIIe siècles après J.-C., renferment, aux yeux des chercheurs, une richesse extrême. Les constatations stratigraphiques précises de Slimnic (5), Curciu, Roșia, Ruși, Sfîntu Gheorghe-Iernut, lieux appartenant à la province de Dacie, attestent cette continuité; ceci est le signe que l'autorité romaine se dirigea, comme il était naturel, contre les centres royaux fortifiés et ne détruisit qu'incidemment les habitats civils des Daces. Pour la plupart, les Daces continuèrent à vivre et à travailler sur leurs terres ancestrales.

En outre, la transmission et la préservation de certains

facteurs traditionnels daciques à l'intérieur de la vie et de la civilisation urbaine romano-provinciales de Dacie attirent l'attention sur quelques catégories de Daces qui eurent accès à un statut social privilégié. Ces Daces s'urbanisèrent et acceptèrent les formes de culture romaine, même dans un domaine aussi mainteneur des coutumes que celui des rites funéraires; mais chez eux persistèrent encore des traces de leur origine autochtone, quelques détails de costume tels qu'ils apparaissent représentés sur une stèle funéraire d'Apulum, sur le médaillon funéraire d'Aiud et sur la stèle de Căşei ou bien encore une fibule dace caractéristique reproduite sur le médaillon funéraire d'Apold (6). Mutatis mutandis, il s'agit d'un phénomène similaire à celui des éléments lexicaux du substrat, intégrés dans les structures lexicales et grammaticales du latin parlé dans la nouvelle province.

Le rayonnement de la civilisation provinciale romaine vers les régions daces extra-provinciales est un autre aspect essentiel de la continuité. La puissante empreinte romaine, facilement décelable dans la culture des Daces libres de la plaine de Monténie - la culture Chilia-Militari (7) - est à mettre en rapport avec, d'une part, la présence romaine aux extrêmités de cette zone, dans les castra de Rucăr et Pietroasele, ainsi qu'aux frontières fortifiées - le limes transalutain, le limes danubien - et, d'autre part, le contact permanent établi entre les Daces libres et la civilisation romaine.

Le sud de la Moldavie représente ainsi un véritable pont entre l'Empire et les Daces du territoire est-carpathique. L'influence romaine dans l'aire de la culture carpique (les Carpes étant les Daces libres de l'est carpathique) est la conséquence directe des contacts économiques et culturels avec le monde romain; nombre de découvertes de vases romains, de verrerie ou d'éléments de parure, à Zvoriştea, Poieneşti et d'autres endroits l'attestent.

L'intensité de ces échanges est confirmée par la mise au jour de tout un dépôt d'amphores romaines à Vetrişoara (8), par la circulation généralisée de monnaies romaines loin au-delà des frontières de la province. Il est aisé d'expliquer ceci par le commerce à l'aide duquel les Romains tentaient de s'assurer la frontière orientale de la province, ce qui impliquait des liens fréquents et durables entre les Carpes et les habitants de l'Empire.

A l'ouest, la culture Sîntana-Arad, comportant une quantité notable de produits romains, corrobore le même processus de romanisation que l'on peut aussi observer dans les habitats septentrionaux de Berea, Ciumeşti et Medieşu-Aurit. Les trésors de monnaies romaines des régions de Crisana et du Maramures offrent des caractéristiques autorisant un rapprochement avec la culture des Daces libres des territoires se trouvant au sud des Carpathes. Il est, par conséquent, possible de parler d'une indéniable unité de culture dace, à l'intérieur et en dehors de la province, aux IIe et IIIe siècles après J.-C., ce qui confère d'emblée un trait général à la romanisation dans l'aire carpatho-istro-pontique.

Parmi les particularités de cette zone culturelle, on peut relever la disparition des éléments matériels qui marquaient, avant la conquête romaine, l'existence des monarques et de la grande aristocratie guerrière : les tombes monumentales, les inventaires, etc. L'explication doit en être trouvée dans la pression délibérément exercée par Rome et destinée à assurer la paix dans la province. Ces constatations d'ordre archéologique vont de pair avec quelques faits linguistiques; le vocabulaire issu du substrat n'a conservé aucun terme désignant des hiérarchies sociales ou des institutions et le lexique institutionnel du roumain présente donc une nette prédominance latine et post-latine.

La permanence de la population dace se reflète, en outre, dans la survivance de quelques microtoponymes (Buridava, Piroboridava) ainsi que dans nombre d'appellatifs de centres principaux de l'administration romaine tels que Sarmizegetusa, Apulum, Malva. Qui, sinon les Daces de la province et des régions limitrophes, Trajan voulait-il impressionner en fondant la nouvelle capitale de la Dacie romaine à côté de celle de Décébale ? Est-ce par hasard si à Ulpia Traiana, Hadrien a ajouté, après la révolte de 117, Sarmizegetusa, le nom de l'ancienne capitale des rois daces, conquise et détruite par Trajan ? N'est-ce pas là une claire proclamation de la continuité du gouvernement de la Dacie ?

La Dacie et les territoires voisins apparaissent comme un domaine unitaire de permanence autochtone intégrée à un vaste mécanisme de romanisation; celui-ci offre toutefois quelques modalités qui lui confèrent une physionomie spécifique dans l'ensemble du monde romain. D'une part, l'installation de colons romains comporta une ample distribution de terres aux vétérans. Le terme roumain bătrîn, "vieux", dont les significations sont plus complexes que celle d'"homme âgé", vîrstnic, désignait encore au Moyen-Age tardif une catégorie sociale jouissant d'un grand prestige et d'une forte autorité à l'intérieur des communautés rurales; il s'agissait, en fait, d'une sorte d'institution dans la formation de laquelle les militaires romains, ayant reçu des lots de terre dans la nouvelle province, jouèrent un rôle essentiel. D'autre part, vinrent s'installer en Dacie, des experts en exploitation de mines d'or ou de sel; ces spécialistes étaient originaires d'Illyrie, de Pannonie et du Norique (9).

L'empreinte occidentale de la civilisation provinciale romaine en Dacie est donc due aussi bien à ces nouveaux venus qu'aux Italiques. Il est naturellement nécessaire de ne pas négliger l'importance de l'installation de citoyens romains ou de pérégrins des provinces orientales de l'Empire, mais il faut se souvenir que ce ne fut qu'un phénomène spontané et à caractère individuel.

Tous ces apports contribuèrent à la formation de ce continuum linguistique du latin danubien, image de l'unité culturelle des provinces danubiennes (10). Il suffit de se rappeler les transferts massifs de Daces en Mésie à l'époque de la dynastie julio-claudienne, les colonisations de Carpes au IIIe siècle après J.-C. sous les Empereurs Philippe l'Arabe et Dioclétien, pour retrouver les étapes essentielles de l'unification culturelle et linguistique de la Romanité orientale. Celle-ci - qui s'était étendue loin au-delà de ses propres frontières- ne put être définitivement compromise par la décision d'Aurélien de retirer l'armée de Dacie Trajane. Le maintien d'un empire de langue latine en Dobroudja et sur les rives du Danube jusqu'à la fin du VIIe siècle, fut l'élément primordial de l'évolution ininterrompue des Daco-Romains de la région carpatho-istro-pontique, non point en dehors, mais à l'intérieur des limites de la romanité.

(1) L. Bârzu, Continuitatea creației materiale și spirituale a poporului român pe teritoriul fostei Dacii, București, 1979, p. 38.

(2) D. Protase, Soporu de Cîmpie. Un cimitir dacic din epoca romană, București, 1976.

(3) G. Popilian, Necropola de la Locusteni, București, 1983.

(4) I. Mitrofan, Așezări ale populației autohtone, "Acta Musei Napocensis", IX, 1972, p. 141 sqq.

(5) I. Glodariu, Așezarea de la Slimnic, ibid., p. 119 sqq.

(6) L. Marinescu, Monumentele funerare din Dacia Superior, București, 1977, p. 13.

(7) Voir G. Bichir, Les Daces libres, "Thraco-Dacica", I, 1976.

(8) L. Bârzu, op. cit., p. 41.

(9) C. Daicoviciu, Les "castella Dalmatorum" de la Dacie, "Dacia", II, 1958, p. 259 sqq.

(10) Cf I. Fischer, Latina dunăreană, București, 1985.

Chapitre 4

PREUVES DE LA CONTINUITE DACO-ROMAINE (APRES LE RETRAIT DES LEGIONS ROMAINES)

Le retrait des troupes romaines n'implique aucunement un changement radical de la situation locale, qu'il s'agisse de la nature des relations entre l'Empire et l'espace nord-danubien ou des rapports de l'un et de l'autre avec les peuples envahisseurs établis aux Bouches du Danube - zone de la Romania orientale restée, de facto, sous l'autorité romaine.

Dans la perspective de restaurer la splendeur de l'Empire des Tétrarques, l'abandon imposé à Aurélien par des circonstances politiques et militaires, ne put lui paraître que parfaitement réversible; cette vision explique la présence fort active des Romains sur les deux rives du Danube, sous Dioclétien et surtout du temps de Constantin le Grand.

Les recherches archéologiques effectuées à Sucidava sur la rive gauche du Danube suggèrent même qu'à l'époque d'Aurélien, on se préoccupait déjà de fortifier ce point stratégique entre la Mésie et la Dacie. Ce qui est certain, c'est que Constantin le Grand accorda une attention toute particulière à la frontière danubienne; la région entre le fleuve et les collines subcarpathiques de l'ancienne Dacie Malvensis, autour de Romula (aujourd'hui Reșca) en Olténie, est réintégrée dans l'Empire et la limite de l'espace effectivement administré par les Romains est reportée plus à l'ouest. On note également, à la même période, l'édification - avec castra, castella et tours, construits ou rénovés - d'un système de fortifications tout le long du Danube, de Gornea et Drobeta jusqu'à Dinogetia et Barboși (1); tandis qu'à Sucidava, un nouveau pont est bâti, celui de Drobeta est remis à neuf; on refait quelques routes à l'intérieur de la Dacie, telle celle reliant Sucidava à Romula (2); au nord, on remarque une ligne d'ouvrages fortifiés avec un grand vallon parcourant la plaine roumaine et avec les castra d'Hinova et de Pietroasa. A ce dernier endroit, on a d'ailleurs découvert un castrum, des thermes et une nécropole romains datant de Constantin le Grand et de Valens (3). Les centres militaires de Dobroudja sont développés et il est même possible que le contrôle impérial se soit étendu jusqu'au site de Sobari, en Bessarabie, l'actuelle Moldavie soviétique.

Par ailleurs, l'archéologie impose la conclusion qu'une large partie de la population romanisée - et en premier lieu, les Daco-Romains de la Dacie romaine - continua à vivre sans interruption, les conditions étant naturellement devenues plus modestes, dans les anciennes cités.

Les vicissitudes subies justifient le refuge dans les forêts des hauteurs des Carpathes et de Transylvanie, ainsi que la ruralisation d'une population urbaine qui dut se soumettre à des tribus migratoires - Wisigoths, Ostrogoths, Gépides, Huns, Avares, Slaves, etc. - qui se succédèrent sur le territoire roumain; ces envahisseurs n'exercèrent souvent qu'une suprématie nominale sur la population romanisée, mais l'obligèrent à payer le tribut. La plupart de ces barbares - Wisigoths, Ostrogoths, Huns, Avares - poursuivirent leur chemin; d'autres, au contraire, tels les Gépides et les Slaves, furent assimilés, tôt ou tard, par les autochtones, bien plus nombreux et plus évolués au point de vue technique et économique (du moins par rapport aux Slaves).

C'est seulement avec l'arrivée des Huns que la situation se dégrada; Sucidava fut alors détruite (elle ne sera rebâtie qu'à la fin du Ve siècle). Sous le règne d'Anastase (491-518), des estampilles d'amphores et des monnaies montrent que la grande oeuvre de restauration - qui culminera sous Justinien (527-565) - avait déjà commencé. En fait, l'éclipse d'environ 50 ans de l'autorité romaine dans la région danubienne fut compensée par la présence ininterrompue de ce même pouvoir dans toute la Dobroudja.

La défaite de l'Empereur Maurice Tibère, en 602, est l'un des moments cruciaux de l'histoire de la romanité orientale; la victoire de la coalition slavo-avare entraîna l'installation des Slaves dans la Péninsule balkanique ce qui aboutit à la dislocation du continuum ethno-linguistique de la Romania danubienne.

Précisons toutefois que les découvertes archéologiques des vingt dernières années infirment les thèses qui ont prévalu jusqu'alors et qui surévaluaient les conséquences de cet événement. En effet, on remarque - aussi bien dans les cités romano-byzantines de la côte pontique (Histria et Tomis), sur le limes danubien (Capidava, Berrhoé) qu'à l'intérieur de la Dobroudja - la remise en état, assez rapide, dans les mêmes formes typiques urbaines romano-byzantines, des bâtises et des fortifications; ainsi, à Histria, où le mur d'enceinte fut reconstruit tout comme l'ensemble, à vocation militaire, des bâtiments annexes, on a trouvé une monnaie de l'Empereur Héraclius (605-615), ce qui permet de dater le strat archéologique.

En outre, il n'existe, ni en Dobroudja, ni entre le Danube et les Balkans, un véritable habitat intégralement slave; les traces slaves se constatent d'une manière éparse dans des établissements à caractère romain provincial, à la différence de l'aire située au sud des Balkans où, suite de la politique délibérée des Romains de placer ces barbares dans les provinces balkaniques, l'existence de Slaves est incontestable.

Nous avons, en fait, à faire à trois contrées : <u>primo</u>, la Dobroudja où, sur les rives du Danube et au sud du grand vallon de Novac, la continuité de la population daco-romaine ne pourrait éventuellement être contestée qu'à compter de la seconde moitié du VIIe siècle; <u>secundo</u>, au nord de cette zone, la majeure partie de la Roumanie actuelle, du Banat jusqu'au sud de la Moldavie, d'où l'administration romaine et l'armée impériale se retirèrent, mais où s'exercèrent encore, en fonction de la conjoncture et des forces de l'Empire, un contrôle et une autorité plus ou moins réels; jusqu'à la seconde moitié du IVe siècle, on n'y note nullement la fréquente présence de groupes allogènes; <u>tertio</u>, le centre et le nord de la Moldavie ainsi que le Maramures et la Crisana, territoires qui ne furent jamais directement dirigés par Rome et qui devinrent, pour certains Daces <u>rebelantes</u>, un important foyer de résistance (4).

L'archéologie confirme ce que suggérait l'histoire du Bas-Danube au IIIe siècle et démontre que, loin d'être un mouvement chaotique, provoqué par un retournement dramatique de la situation, le repli romain sur la frontière danubienne fut une solution, rationnelle, à des problèmes qui s'étaient déjà posés aux prédécesseurs d'Aurélien; nous sommes à mille lieues d'un brutal écroulement ayant entraîné, automatiquement, l'installation massive de communautés allogènes à l'intérieur de l'ancienne province.

A la fin du IIIe siècle et au cours de la première moitié du IVe siècle, rien ne prouve que se produisit un déplacement important de population dans la Dacie supérieure et à l'ouest du <u>limes</u> transalutain. Les seules intrusions que l'on puisse observer sont celles de Daces libres et de Carpes qui débordent les limites de l'ancienne province. Quant aux Germaniques, on ne peut parler d'une large présence de leurs tribus avant les dernières années du IVe siècle; les premiers établis en Transylvanie - voir le site de Sîntana de Mureş-Palatca - surviennent après l'an 350 (5) et uniquement dans un espace circonscrit et marginal de la Dacie romaine; il n'existe, par ailleurs, à l'ouest, aucune trace qui pourrait laisser croire à cette présence germanique au IIIe et pendant la première moitié du IVe siècle.

En revanche, celle d'une population romane ou romanisée, dans les habitats ruraux et dans le périmètre des villes est assurée par des preuves archéologiques indéniables. Les découvertes d'Apulum (Alba Iulia) - tombes d'inhumation typiquement romaines sous forme de sarcophages en brique ou en pierre, avec des inventaires spécifiques au IVe siècle (6), groupe d'habitations correspondant à ces défunts - montre la persistance de la

97

civilisation urbaine romaine, même en l'absence d'institutions impériales.

Dans d'autres lieux, la confirmation de ce fait nous est fournie. Ainsi, à Sarmizegetusa, on a trouvé des murs du IVe siècle; les portes d'un amphithéâtre avaient été condamnées et tout l'édifice transformé en place-forte. Les nombreuses pièces de monnaie découvertes prouvent que la monnaie impériale romaine ne perdit pas sa valeur circulatoire. La céramique de tradition provinciale romaine apparaît fréquemment dans les emplacements d'anciennes localités et dans les tombes non seulement à Porolissum, à Potaissa, à Moreşti, mais aussi à Bandul de Cîmpie, à Bratei.

La nécropole de Bratei, des IVe-Ve siècles, se situe, par le rite, le rituel et l'inventaire, dans cette tradition romaine provinciale. Grâce à des monnaies de Constantin II, de Valens et de Théodose 1er, on a pu dater ce cimetière dont les quelque 360 tombes (7) constituent un éloquent échantillon de la situation ethno-culturelle de la Transylvanie à cette époque. Le rite d'incinération, le rituel et l'inventaire funéraire - surtout en céramique - attestent qu'a vécu, à Bratei, une collectivité daco-illyro-romaine qui conservait avec obstination les traditions païennes. Certains ont même estimé que la fin de cet habitat pourrait être liée au progrès de la christianisation au Ve siècle. En tout état de cause, il s'agit d'une communauté relativement prospère, composée d'éleveurs (surtout de bovidés, comme il ressort des restes osteologiques des offrandes funéraires).

Il est riche d'enseignements de comparer la nécropole de Bratei aux cimetières wisigoths, en partie de la même période, de Sîntana et de Palatca. On trouve, à Bratei, de nombreux objets d'importation et de facture romaine; on y maintient, strictement, l'habitude de placer une monnaie dans la tombe, "l'obole pour Charon"; l'inventaire funéraire est composé de vases en verre, d'amphores, de bracelets, de perles en verre, de pièces de monnaies - tout ceci étant romain. Ces traits apparentent Bratei à Alba Iulia, très pourvue elle aussi en objets de tradition romaine (fibule à "bulbe d'oignon", bracelets, lampes à huile, monnaies déposées en guise d'obole). En revanche, dans les cimetières wisigoths de Transylvanie, ces articles manquent presque toujours; ainsi, la fibule à "bulbe d'oignon", typiquement romaine et qui, selon le code vestimentaire romain, marquait le rang élevé de celui qui la portait, apparaît uniquement dans les milieux de tradition romaine qui gardaient le souvenir de sa fonction symbolique - Alba Iulia, Micia - et jamais dans les tombes des Wisigoths.

Les trouvailles archéologiques en Dacie sont corroborées par celles de Monténie (dans la zone demeurée hors de la domination romaine) et de Moldavie. Dans ces deux régions, on ne signale, là aussi, aucun groupe important de Goths, mais seulement la présence d'îlots de Sarmates roxolans qui y pénétrèrent dès le IIe siècle après J.-C., probablement avec la permission des Romains. Ces Sarmates s'intégrèrent d'ailleurs très tôt à la civilisation autochtone dominante si bien qu'il n'est plus possible de les identifier, sauf de manière sporadique, à partir de la seconde moitié du IIIe siècle. L'habitat goth en Monténie et en Moldavie ne devint, au demeurant, un phénomène significatif qu'à compter du IVe siècle, lorsqu'Ammianus Marcellinus le mentionne en cet endroit. Or, à cette date, les Goths possédaient le statut de fédérés; en outre, le fait que, précisément à cette période, le <u>limes</u> transalutain ne fut nullement franchi et qu'aucune citadelle du Danube ne fut attaquée, montre que l'installation des Goths, au nord du Danube, ne fut en rien une invasion chaotique d'une contrée désertique ou sur laquelle ne s'exerçait aucune forme d'autorité, mais plutôt le résultat de conventions avec Rome - ou, au moins, la conséquence d'accords avec l'Empire. La culture matérielle à caractère germanique, présente dans des zones transylvaines délimitées avec précision, plaide au reste en ce sens.

Il est édifiant de comparer cette situation avec les modalités d'insertion des Wisigoths dans diverses provinces romaines (Thrace, Gaule, Espagne); il s'agit, comme pour les Ostrogoths en Italie et les Vandals en Afrique préconsulaire, d'établissements compacts et organisés selon leurs propres lois à l'intérieur du groupe, selon des arrangements précis avec l'Empire à l'extérieur.

Nous pouvons par conséquent reconstituer, avec suffisamment de certitude, la configuration du territoire daco-romain demeuré en dehors des frontières de l'Empire comme une région de cohabitation entre les communautés d'anciens germaniques et les collectivités autochtones.

L'influence de celles-ci sur la culture matérielle des tribus germaniques - culture Sîntana de Mures - est beaucoup plus prégnante qu'au dedans de l'arc carpathique; certains objets de l'inventaire telle la fibule "au pied retourné par dessous" ou la céramique grise non polie ainsi qu'un grand nombre de céramiques d'autres catégories en témoignent (8). Peut-on toutefois parler d'une fusion entre les deux cultures ? Les sources écrites semblent indiquer que les Goths ont conservé l'essence de leur individualité; les mises au jour à Smîrdanu, Gherăseni et Hărman paraissent pencher en faveur de cette hypothèse (9).

Enfin, il faut rappeler le cas de nombreux Daces qui, jusqu'à la fin du IVe siècle, ont préservé leur particularisme comme le montrent des trouvailles de la phase tardive de Chilia-Militari, de la série Arad-Cealea-Medieşu-Aurit - avec une variante dans la zone romaine Cipău-Gîrle - et du groupe Valea Seacă-Nichiteni (10).

La persistance de ces ensembles est significative par elle-même, mais aussi par rapport aux aspects de la tradition dace qui confère leur spécificité à quelques collectivités à dominante romaine, telle celle de Bratei. Les éléments particuliers du rituel funéraire - dépôt des cendres dans des fosses, céramique rituellement cassée, quantité impressionnante d'offrandes de viande, habitude des festins funéraires dans les nécropoles - y sont, à l'évidence, liés à la totalité des croyances ancestrales, daces, incorporées à la civilisation provinciale daco-romaine.

L'intégration graduelle, au cours du IVe siècle, des communautés de Daces libres au sein de la civilisation de facture romaine complète et consolide celle de la majorité des habitants du territoire. Loin d'être stoppée après le retrait des troupes d'Aurélien, la romanisation était donc encore active, au moins jusqu'au Ve siècle; cette étape de la cristallisation définitive de la romanité orientale, à la fois ethnique, linguistique et culturelle, permettra la future assimilation des Slaves dans cette contrée devenue entièrement romane.

(1) L. Bârzu, Continuitatea creației materiale și spirituale a poporului român pe teritoriul fostei Dacii, București, 1979, pp. 54-55.

(2) D. Tudor, Sucidava, Craiova, 1974, p. 123 sqq.

(3) G. Diaconu et autres, L'ensemble archéologique de Pietroasele, "Dacia", XXI, 1977, p. 199 sqq.

(4) L. Bârzu, op. cit., p. 61.

(5) K. Horedt, Unele probleme privind răspîndirea culturii Sîntana de Mureș-Cerneahov, "Studii și cercetări de istorie veche", VI, 1967, p. 577 sqq.

(6) D. Protase, Autohtoni în Dacia, București, 1980, p. 29.

(7) L. Bârzu, Continuitatea populației autohtone în Transilvania

în sec. IV-V e. n. (Cimitirul 1 de la Bratei), București, 1973.

(8) G. Diaconu, Ueber die Fibel mit umgeschlagenem Fuss in Dazien, "Dacia", XV, 1971, pp. 239-268. Id., Ueber die scheibgedrechte Keramik, "Dacia", XIV, 1970, p. 243 sqq.

(9) L. Bârzu, Continuitatea creației..., pp. 64 et 73.

(10) V. Palade, Atelierele pentru lucrat piepteni din os, "Arheologia Moldovei", IV, 1966, p. 261.

Chapitre 5

CHRISTIANISATION DE LA DACIE

La question de la christianisation de la Dacie et du christianisme dans cette région revêt une grande importance, non seulement comme phénomène de civilisation, mais également comme aspect de la continuité. En effet, l'un des arguments de prédilection des adversaires de la continuité repose sur l'appartenance des Roumains à la communauté gréco-slave, ce qui permettrait de conclure à la christianisation des Roumains au sud du Danube. Mais, ceci n'a du raisonnement que l'apparence car si on l'acceptait, il faudrait supposer, par exemple, que toutes les communautés catholiques latines proviennent d'une aire latinophone unique.

Il y a pourtant lieu de prendre en considération les découvertes de différents objets paléochrétiens du IVe siècle : des petites lampes, lucernae, à Apulum (Alba Iulia) (1), à Dej, le célèbre donarium de Biertan (2), la gemme de Potaissa (Turda) (3), un vase trouvé en 1978 à Porolissum (Moigrad) avec le monogramme chrétien, une croix et portant l'inscription "ego ...ulus vot... p..." (4), un fragment céramique avec un chrisme, découvert en 1980 à Ulpia Traiana Sarmizegetusa, premier vestige chrétien de l'ancienne capitale de la province romaine (5).

Toutes ces trouvailles, en Dacie Trajane, montrent, d'une manière indéniable, que le christianisme représente une composante déterminante de l'aire culturelle daco-romaine où, par rapport à l'ensemble de la Romania, le développement du phénomène se produisit de façon homogène et synchrone.

L'ancienneté et l'ampleur de ce fait, dans les territoires restés sous domination romaine dans la zone istro-pontique, complètent et enrichissent les témoignages concernant le christianisme daco-romain.

Les martyrologes consignent de précieuses informations sur de nombreux chrétiens qui furent persécutés du temps de Dioclétien (284-305), par exemple, saint Cyrille d'Axiopolis, saint Chindeos, saint Tasios à Axiopolis, saint Dasius à Durostorum, saint Epictète, saint Astion à Halmyris, etc. Licinius, beau-frère de Constantin, opprima également les chrétiens de Tomis dont les plus connus sont saint Evagre, saint Bénigne, saint Macrobe, saint Narcisse et saint Marcel. En 1972, on découvrit, à Niculițel, en Dobroudja, un grand monument funéraire érigé en mémoire de quatre autres martyrs, Zoticos,

Attalos, Camasis et Philippe (6).

Il se constitua, au IVe siècle, une hiérarchie ecclésiastique propre à la Scythie Mineure : au moins quinze évêchés dépendant de Tomis (7); à la même époque, plusieurs édifices furent élevés pour la pratique de la nouvelle foi.

Les multiples inscriptions chrétiennes trouvées en Dobroudja et dans les localités situées au long du Danube montrent la diffusion du christianisme, aussi bien dans les contrées hellénophones que latinophones. Les centres chrétiens latinophones du bord du Danube - le plus insigne étant Sucidava - jouèrent un rôle particulièrement prépondérant dans la consolidation de la pénétration chrétienne au nord du Danube. Le christianisme roumain est, en effet, comme la langue roumaine, en son essence, latin et il n'est pas sans intérêt de noter que, dans cette région de notre continent, les Roumains sont les plus anciens chrétiens (8).

Le contraste est éloquent entre les milieux urbains dacoromains où, dès le IVe siècle, prédominait une majorité chrétienne et les collectivités germaniques, du type Sîntana de Mureș où manquent des objets à caractère chrétien de cette période. Toutefois, il convient d'ajouter que les communautés dacoromaines rurales semblaient encore refuser le christianisme, à en juger d'après le cimetière N° 1 de Bratei. Ceci, propre à toute la Romania de l'époque, est assurément responsable du fait que, dans l'aire roumaine, l'adjectif latin _paganus_, "villageois", a été transformé en _păgîn_ avec le sens de "païen", "non chrétien", tout comme il est devenu _pagano_ en italien et en espagnol, _pagão_ en portugais, _païen_ en français, etc.

Mais, la christianisation à l'intérieur des territoires nord-danubiens a gagné, au Ve siècle, la population rurale. L'apparition, dans la zone de diffusion de la culture de type Ipotești-Cîndești-Ciurel, d'un bon nombre d'articles, certes sans grande valeur, mais de facture indubitablement chrétienne ainsi que la découverte de quelques moules pour la fabrication de croix dans les habitats modestes de Străulești, Olteni-Teleorman et Cîndești-Vrancea, la présence du chrisme sur des poteries de Bratei, Poian, Dulceanca-Teleorman et Sălașuri-Covasna, tout atteste la conversion au christianisme de la population rurale aux Ve et VIe siècles; désormais, les manifestations spirituelles des communautés autochtones reflèteront, d'une manière généralisée, la nouvelle religion.

L'orientation est-ouest des tombes se répandit à la même époque et plaide également pour une christianisation diffuse. Toujours au VIe siècle, un autre phénomène que l'on pourrait qualifier de "christianisme princier" se manifesta, cette fois-ci dans un contexte non-roman. Cette observation est mise en évidence par quelques objets d'inestimable valeur, portant symboles et inscriptions chrétiens, trouvés dans des tombeaux ou des habitats germaniques. Il s'agit surtout de bagues marquées d'une inscription ainsi que d'un monogramme chrétien ayant appartenu à Omharus, probablement un chef guerrier gépide; l'analyse d'ensembles archéologiques comparables témoigne d'un processus de christianisation distinct de celui de la population autochtone.

Alors que la conversion de celle-ci fut spontanée et graduelle - en cela l'on décèle le modèle romain de diffusion du christianisme dans l'Empire - les communautés germaniques tardives paraissent avoir suivi un canon de "haut en bas" qui rappelle le type de conversion de Clovis et des Francs en Occident, de saint Etienne et des Hongrois en Europe centrale et de saint Vladimir et des Ukrainiens dans la Rus' de Kiev. Ceci est suggéré par l'association d'articles et d'ornements précieux laissant supposer que celui qui portait ceux-ci se trouvait investi d'un certain rang par l'autorité impériale romano-byzantine.

La fibule d'or à "bulbe d'oignon" découverte dans le tombeau princier d'Apahida (près de Cluj-Napoca), datant du Ve siècle, est semblable à celle trouvée dans le tombeau de Childéric, le père de Clovis, à Tournai (9); ceci montre, primo, la pratique, également au nord du Danube, de la coutume romaine de conférer aux rois barbares des titres et des insignes romains comme gage de rapports durables avec l'Empire, et, secundo, le lien entre ce type de relation et la conversion au christianisme, dans un premier temps, des chefs guerriers barbares, puis de leurs sujets.

Le grand trésor de Şimleul Silvaniei constitué, entre autres, d'une fibule avec de la sardonyx, ainsi que le fameux trésor de Pietroasele, suscitent des questions semblables aux chercheurs dont les réponses convergent vers la même interprétation.

Il reste qu'une certitude se détache; les territoires nord-danubiens ne furent nullement, à l'époque des grandes invasions du Ve siècle, dévastés d'une manière irrémédiable; la plupart de ces régions continuèrent à être habitées par l'ancienne population daco-romaine. Même dans les zones relevant de la puissance des chefs militaires barbares, ce pouvoir s'exerça, le plus souvent, au nom de l'autorité de l'Empire romain ce qui assura, ne serait-ce qu'indirectement, la continuité des liens des contrées nord-danubiennes et intra-carpathiques avec l'ensemble de la Romania.

Dans leur essence, ces rapports ne furent en rien altérés par la présence des Huns restreinte, au commencement, aux Bouches

105

du Danube, avec quelques enclaves sur la Roumanie actuelle, après 427, lorsqu'établis comme fédérés en Pannonie, ils s'orientèrent vers l'ouest de l'Empire. Seule la crise survenue entre les Huns et l'Empire, ainsi que l'éclipse temporaire du pouvoir militaire romain, amenèrent une relative déstabilisation. En fait, les Ve et VIe siècles, dans leur ensemble, représentèrent une période de prospérité pour les communautés autochtones de l'ancienne Dacie; cette période connut une importante croissance démographique et une remarquable capacité d'innovation culturelle.

Aussi bien les traditions de la céramique travaillée à la roue rapide, de type provincial romain, conservées dans la culture Bratei-Costișa-Botoșana-Cireșanu, que l'apparition du complexe Ciurel-Ipotești-Cîndești- propre à la fin du Ve siècle et à la première partie du VIe siècle - témoignent de cette vitalité. La relation de ces cultures avec celles qui les précédèrent - Chilia-Militari par exemple - confirme d'une manière concrète la continuité, sur la totalité du territoire roumain, de la population romane issue du mélange daco-romain.

(1) C. Băluță, O lucernă paleocreștină din Dacia, "Apulum", VI, 1967, pp. 619-627.

(2) M. Macrea, De la Burebista la Dacia postromană, Cluj, 1978, p. 202 sqq. Cet ex-voto porte l'inscription "Ego Zenovius votum posui".

(3) E. Popescu, Inscripțiile grecești și latine din secolele IV-XIII descoperite în România, București, 1976, pp. 391-392.

(4) N. Gudea, Vasul cu inscripție creștină de la Moigrad, "Acta Musei Porolissensis", III, 1979, pp. 515-524. Pour certains, cette inscription se lit "ego (Pa)ulus vot(um) p(osui)".

(5) H. Daicoviciu, Un fragment ceramique à chrisme de Ulpia Traiana Sarmizegetusa, "Revue roumaine d'histoire", XX, 1981, pp. 619-623.

(6) P. Nasturel, Quatre martyrs de Noviodunum (Scythie Mineure), "Analecta Bollandiana", XCI, 1973, pp. 5-8. V. Baumann, Cîteva precizări rezultate din cercetarea monumentului paleocreștin din comuna Niculițel, "Acta Musei Napocensis",

XIV, 1977, pp. 245-267.

(7) Les avis sont partagés quant au nombre d'évêchés en Scythie Mineure. Pour J. Zeiller, il n'y eut pas d'autre église épiscopale que celle de Tomis (Les origines chrétiennes dans les provinces danubiennes de l'Empire romain, Paris, 1918, p. 171); en revanche, d'autres historiens acceptent le chiffre de quinze. Toutefois, pour E. Popescu, une inscription inédite trouvée à Callatis confirmerait qu'aux Ve-VIe siècles, ont existé 15 évêchés dépendant de Tomis (op. cit., p. 30).

(8) Non seulement les habitants de cette contrée furent les premiers à être christianisés, mais figurent, parmi eux, des personnages éminents tels que saint Saba, mort en avril 372 dans la rivière Buzău (voir P. Nasturel, Les actes de saint Saba le Goth, "Revue des études sud-est européennes", VIII, 1969, pp. 175-185), saint Brétiano, évêque de Tomis au IVe siècle, qui refusa l'arianisme, saint Théotime, également évêque de Tomis, ami de saint Jean Chrysostome, Denys le Petit grâce à qui nous sommes en 1989 (on nous permettra de renvoyer à notre article Denys le Petit inventeur de l'ère chrétienne, "Monde et Vie", 15 janvier 1988, p. 11).

(9) P. Périn et L.-C. Feffer, Les Francs, I, Paris, 1987, pp. 117-134.

Chapitre 6

DE LA ROMANISATION A LA ROUMANISATION (VIe-XIe SIECLES)

La période qui débute avec Justinien fut marquée, dans la partie occidentale de l'Empire, par une reconquête et, sur le Bas-Danube, par une intense politique de restauration et de renforcement de l'autorité romaine. Stimulée par des contacts directes avec la civilisation romano-byzantine, cette volonté se traduisit par une effervescence de la construction, une conception stratégique de grande ampleur - comme le montrent les monuments archéologiques de toute la Dobroudja et de la Péninsule balkanique - ainsi que par la réfection du limes danubien.

Mais, des vicissitudes ralentirent cette dynamique, surtout au cours du VIIe siècle; en 602, les Slaves et les Avares envahirent le monde byzantin et s'installèrent, en nombre, dans la Péninsule balkanique. Les liens étroits entre la contrée septentrionale de la Mer Noire et la civilisation romano-byzantine périclitèrent, même s'il n'y a toutefois pas lieu de parler d'une véritable disparition de l'autorité romaine en Dobroudja.

Le sursaut partiel du pouvoir byzantin, principalement sous Héraclius, fut de nouveau interrompu, cette fois de manière radicale, avec le passage, en 679, des Proto-Bulgares touraniens au sud du Danube. Il faut pourtant souligner que même dans ces conditions accablantes, l'Empire n'a jamais cessé d'assumer un contrôle, ne serait-ce qu'indirectement, sur les Bouches du Danube et sur la côte pontique ce qui permit une circulation des hommes, des biens et des idées - diminuée par rapport aux périodes antérieures, mais pas totalement inexistante - du centre de l'Empire vers le nord des frontières roumaines.

De sorte que, lorsqu'avec les empereurs byzantins Jean Tsimiskès (969-976) et Basile II (963-1025), l'Empire revint sur le Danube, il renouait avec une tradition politique, stratégique et culturelle qui n'avait jamais été, en fait, oubliée. Dans ce contexte, le rôle de la romanité istro-pontique est particulièrement important, non seulement pour la zone en question, mais aussi pour toute l'évolution historique du sud-est européen. En outre, l'autonomie et le relatif isolement, par rapport à Byzance, des régions nord-danubiennes, entraîna non pas une époque de décadence et d'appauvrissement, mais de consolidation de leurs propres structures linguistiques et socio-politiques. D'autant que la coalition slavo-avare étant surtout préoccupée d'avancer vers le sud, les territoires extra-carpathiques ont plutôt été considérés comme une base d'attaque et comme une étape avant le franchissement du Danube (1).

La même constatation peut être faite à propos des Bulgares d'Aspa qui traversèrent la Dobroudja et se fixèrent dans les Balkans byzantins. Dans les deux cas, il s'agit de populations nomades, totalement étrangères à la culture des autochtones romans et qui n'ont pu que beaucoup plus tard, après leur sédentarisation et leur intégration dans une civilisation supérieure, exercer une pression - d'ordre politico-militaire- sur les communautés roumaines; mais, dans l'immédiat, ces mouvements n'eurent aucun effet sur la romanité nord-danubienne et sur l'ancienne Scythie Mineure.

Durant l'accalmie qui suivit la défaite hunnique, on note, dans l'aire nord-danubienne, une cristallisation et une uniformisation culturelles fondées sur l'unité et la persistance des traditions locales, daces et romaines, ainsi que la consolidation de la frontière septentrionale de l'Empire.

Dans ces circonstances, ce processus est illustré par un vaste complexe culturel regroupant Bratei N° 1 en Transylvanie, Costişa-Mănoaia-Botoşana en Moldavie et Cireşanu au sud des Carpathes. Les relations entre cet ensemble et les cultures antérieures - Ipoteşti-Cîndeşti ou Nichiteni-Valea Seacă - justifient les variantes locales, mais mettent aussi en lumière la présence ininterrompue de la population romane et les traditions daces principalement perceptibles dans la partie est dudit complexe. Relevons que la céramique travaillée à la roue, d'influence et de tradition romano-byzantines, était largement prédominante dans la culture Bratei, la céramique oeuvrée à la main ne représentant qu'un infime pourcentage; ceci marque la complète assimilation des éléments culturels du substrat par la civilisation unitaire des VIe-VIIe siècles.

Par conséquent, au moment de l'avance slave, les territoires nord-danubiens apparaissent inscrits dans un système culturel homogène et consolidé, de vigoureuse facture romaine et chrétienne; dans ce cadre, le développement socio-économique élevé, la langue et la richesse de l'héritage spirituel annoncent la rapide incorporation culturelle et linguistique des nouveaux venus. Il appert, en outre, que la population romane était et resta majoritaire au nord du Danube puisque les Slaves y furent romanisés tandis que, dans les Balkans, ce fut une transformation contraire. Les caractéristiques des premiers complexes culturels slaves des régions extra-carpathiques de l'actuelle Roumanie confirment ces observations. Il est fort difficile d'identifier ces enclaves à cause de la pauvreté de l'inventaire et de l'aspect rudimentaire de leur culture matérielle; quelques objets de parure, plus particulièrement des fibules digitées, ne peuvent être attribués aux Slaves, car les prototypes proviennent de

Byzance et leur diffusion était généralisée dans la zone balcano-istro-pontique; ces articles pouvaient être portés par n'importe quel habitant de la contrée, surtout par les soldats des frontières (2).

Même vers la fin du VIe siècle et le début du VIIe siècle, lorsque des groupes plus importants de Slaves arrivèrent à l'ouest du Dniestr, puis au sud des Carpathes, aucun changement ne fut ressenti si ce n'est une baisse de la culture autochtone. En revanche, la perméabilité des collectivités slaves à la civilisation romano-byzantine était fort réduite à cause du décalage frappant qui séparait ces deux cultures quant au niveau de développement. L'absence d'une tradition propre en ce qui concerne l'élaboration du métal et les insuffisances de connaissances techniques liées à la production de céramique, ainsi que la pratique rudimentaire de cultiver la terre, expliquent cette impossible fusion, accrue, en outre, par des croyances païennes incompatibles avec l'univers chrétien de la Romania.

L'observation précédente prend tout son sens avec l'inexistence, dans tout l'espace carpatho-istro-pontique, de complexe ayant les formes originales de l'aculture matérielle slave; les découvertes les plus reculées, remontant à la seconde moitié du VIe siècle et au commencement du VIIe siècle, montrent déjà des traces d'impact de la civilisation autochtone avec l'adoption de la roue lente et le perfectionnement de la production de vases ainsi qu'un progrès général de l'artisanat et, naturellement, l'acceptation des pratiques chrétiennes. On peut donc reconnaître, à ce moment précis de la civilisation de tradition romano-byzantine de l'aire extra-carpathique, une force démographique et culturelle nettement supérieure à celle des collectivités nouvellement arrivées.

La tendance à remplacer le travail de la céramique à la roue par celui à la main est, sans aucun doute, due à l'invasion slave; ceci n'a pas été un résultat mécanique d'une prétendue influence, mais découle de la réactivation du fonds dace original puisque les vases oeuvrés à la main retrouvent leurs vieilles formes antérieures à la conquête romaine. Ce phénomène se manifesta également dans le domaine des rites funéraires avec une recrudescence de l'incinération sans toutefois affecter la foi chrétienne, comme l'attestent de nombreux objets, croix, philacteria, moules, etc.. On constate que l'unité culturelle, qui existait auparavant, se maintint à cette époque; on note cependant, ce qui est normal, des différences entre la Moldavie-directement soumise aux migrations - la Transylvanie - avec la culture Bratei N° 2 et où les Gépides ne permettaient que de rares infiltrations slaves - et la Monténie ainsi que l'Olténie qui se trouvent à proximité des centres romano-byzantins du Danube.

Dans la zone carpatho-istro-pontique, la roumanité se cristallisa et s'affirma sur le plan ethno-linguistique, politique et culturel lors des VIIIe et IXe siècles. L'unité de culture matérielle qui se manifesta à ce moment sur tout l'espace habité par les Roumains en fut l'expression; c'était, avant tout, une économie agraire mixte parfaitement fortifiée par les traditions millénaires de vie sédentaire comme l'indiquent les fouilles de Bratei N° 1 et 2, de nombreux autres lieux du sud-est transylvain, de Moldavie (Hlincea II, Loz, Suceava, Spinoasa), d'Olténie (Făcai, Plopșor, Obîrșia), de Monténie et de Dobroudja (3). Dans cette aire, il n'existe, en aucun endroit, un quelconque signe d'une économie pastorale; en revanche, les sites - à plusieurs phases consécutives d'habitation - de Hlincea, Spinoasa et Bratei montrent la permanence, en ces points précis, des habitants et l'évolution naturelle de la culture matérielle.

A ces remarques, l'on peut ajouter celle relative au caractère évolué de l'orfèvrerie locale et du travail du métal (beaucoup de moules reprenant ceux, byzantins, pour la bijouterie, de boucles de ceinture, de plaques de ceinturon, etc. ont été trouvés); cette orfèvrerie remplaçait les produits byzantins encore difficiles à obtenir. Notons enfin que, dans les principaux habitats de cette zone culturelle roumaine, on constate alors une forte augmentation démographique, conséquence d'une certaine prospérité économique.

La vaste unité ethno-linguistique et culturelle des VIIIe-IXe siècles ne fut que très marginalement perturbée par la première installation des Magyars dans la plaine de Pannonie. A l'approche de l'an 1000, une hiérarchie féodale roumaine s'était créée. C'est ce que l'on a pu établir grâce à une citadelle comme celle de Dăbîca (4), sur la rivière Someș, là où le "duc" roumain Gelu a affronté les envahisseurs hongrois; c'est également ce que confirment d'autres centres fortifiés comme celui de Slon, tout comme des phénomènes d'autres sphères de la société roumaine des IXe-Xe siècles, par exemple, l'usage de l'écriture qui se répandit soudainement, ce qui ne peut être compris que dans le contexte de ces changements de grande ampleur. On en trouve, par ailleurs, corroboration par l'inscription de Mircea Vodă, en Dobroudja, mentionnant un Dimitrie portant le titre de joupan (appellatif qui sera ensuite largement utilisé dans la terminologie de la hiérarchie féodale roumaine), ou bien par les objets avec monogrammes chrétiens à Poian et à Bucov, ou bien encore par la découverte, ne 1967, à Capidava, sur le Danube, d'un vase comportant des lettres incisées de l'alphabet grec (en ordre inverse) et le nom "Petre" au phonétisme aucunement slave ou grec, mais au contraire indiscutablement roumain, même s'il est écrit en utilisant l'alphabet grec (c'était probablement le nom du maître potier).

Tout ceci prouve le renouveau de l'emploi habituel de

l'écriture d'une manière naturellement liée aux nécessités administratives, fiscales ou religieuses qui surgissent lors de la formation des Etats. Des "Romanies populaires" chères à N. Iorga (5), nous arrivons en effet, par une lente décantation historique, à la constitution de structures féodales; celles-ci vont dominer tout le Moyen-Age roumain non seulement dans l'aire extra-carpathique, mais aussi à l'intérieur de ce qui va devenir, au XIIe siècle, le voévodat de Transylvanie et ceci en contradiction avec les structures féodales, de type occidental, implantées par la couronne hongroise en Transylvanie et souvent influencées, en partie, par celles des autochtones.

A partir du XIe siècle, l'apparition d'imposantes constructions militaires de facture byzantine (Pacuiul lui Soare) ainsi que de monuments chrétiens (le complexe de Basarabi et, au début du siècle suivant, l'église de Niculițel), illustre brillamment l'existence d'une culture féodale roumaine. A ceci, l'on peut adjoindre l'architecture civile, les bijoux et la céramique, domaines où l'on voit la continuité, qu'il s'agisse de la technique, des systèmes ou du procédé constructif et ornemental, en rapport avec l'époque romano-byzantine (6).

En Dobroudja, la civilisation se signale notamment par un éclectisme artistique qui englobe des échos balkaniques marqués; ceci favorisa une sélection de formes créatives qui atteindront leur pleine maturité dans l'art féodal - tel le plan trèflé de l'église de Niculițel, plan qui nait alors sur le territoire carpatho-istro-pontique et qui connaîtra son apogée dans l'architecture moldave et valaque du XIIIe au XVIe siècles. Quant à l'orfèvrerie et aux autres branches de l'artisanat, elles héritent des réussites pré-médiévales et établissent ainsi les fondements des futures oeuvres féodales roumaines.

(1) I. Nestor, <u>La pénétration des Slaves dans la péninsule balkanique et la Grèce continentale</u>, "Revue des études sud-est européennes", I, 1963, pp. 41-63.

(2) A. Petre, <u>Contribuția atelierelor romano-bizantine la geneza unor tipuri de fibule digitate din veacurile VI-VII e.n.</u>, "Studii și cercetări de istorie veche", II, 1966, p. 255 sqq.

(3) Voir D.G. Teodor, <u>Teritoriul est-carpatic în veacurile V-XI e.n.</u>, Iași, 1978. E. Zaharia, <u>Săpăturile de la Dridu. Contribuții la arheologia și istoria perioadei de formare a poporului român</u>, București, 1967. O. Toropu et O. Stoica, <u>La</u>

nécropole préféodale d'Obîrșia, "Dacia", XII, 1968, p. 164 sqq.

(4) Dăbîca, près de Cluj-Napoca, fut un centre économique et politique particulièrement important aux IXe-Xe siècles. Lorsque l'on aboutit sur la terrasse supérieure, après avoir grimpé une pente abrupte, on peut savourer une vision superbe sur la vallée qui s'étend sous les yeux et imaginer, au loin, l'ennemi qui s'approche...

(5) N. Iorga, La "Romania" danubienne et les barbares au VIe siècle, "Revue belge de philologie et d'histoire", I, 1924, p. 35 sqq.

(6) Voir R. Theodorescu, Bizanț, Balcani, Occident la începuturile culturii medievale românești, București, 1974.

LIVRE V

CONTINUITE DES INSTITUTIONS SOCIO-POLITIQUES

CONTINUITE DES INSTITUTIONS SOCIO-POLITIQUES

La clef de voûte de toute l'histoire des Roumains est, sans conteste, leur continuité sur leur territoire ancestral; cette continuité est décelable, d'une manière indéniable, dans les structures, amplement décrites et analysées, de la communauté rurale libre de paysans propriétaires - reflet d'un solide aménagement socio-politique.

A maints historiens, l'origine dace de ces structures apparaît évidente à la lumière des recherches sur les réalités, datant de l'Antiquité, historico-linguistiques de l'espace carpatho-istro-pontique (1). Ainsi s'explique la subsistance de certains termes du substrat thrace comme moş et ses dérivés, liés à la possession de la terre. Ces très anciennes traditions se fondirent, et en même temps, furent parachevées dans la romanisation; seule celle-ci pouvait déterminer les caractéristiques de la composition politique et militaire spécifique aux communautés rurales qui ont existé des IIIe-IVe siècles jusqu'aux IXe-Xe siècles.

Que l'on nous permette d'attirer l'attention sur deux catégories de mots d'origine latine dont la persistance dans la langue roumaine ne peut être expliquée d'une autre manière. Il s'agit, d'une part, d'appellatifs qui concernent les institutions et les pratiques militaires : <u>oaste</u> (latin <u>hostis</u>), <u>cetate</u> (latin <u>civitas</u>), <u>arc</u> (latin <u>arcum</u>), <u>săgeată</u> (latin <u>sagitta</u>). Un tel groupe sémantique remarquablement compact n'a pu être conservé qu'à l'intérieur de collectivités latinophones où les hommes adultes détenaient le privilège de porter les armes et de guerroyer. Or, si nous pouvons attribuer aux collectivités rurales daces une telle fonction militaire au temps de Burébista (2), l'absence de termes du substrat dans ce groupe lexical suggère une réélaboration des noms dans une tradition romaine qui ne fut possible qu'après l'abandon de la Dacie; tout simplement, parce que jusqu'à cette période, l'armée romaine, recrutée d'après des critères autres que ceux fondés sur l'appartenance locale, assurait la défense du territoire.

Nous pouvons nous demander si, d'une certaine façon, ce rôle militaire de la communauté rurale latinophone, au nord du Danube, n'a pas été raffermi par la présence, du IVe au VIe siècles, de l'armée romaine, des soldats de frontière qui recevaient en usufruit un lot de terre en échange de la défense du territoire. De toute façon, ce serait une institution militaire spécifique aux siècles s'écoulant entre le retrait des troupes d'Aurélien et l'affirmation militaire des Roumains manifestée lors de l'expansion magyare des IXe et Xe siècles; il est donc question d'une institution autochtone et traditionnelle se développant, sans doute, en même temps que celle des communautés de propriétaires terriens.

Or, comme le montrent les historiens de l'Antiquité, la réciprocité du privilège foncier et des obligations militaires est l'un des traits marquants des cités antiques; ces fondements se sont intensément implantés dans la réalité historique de la Dacie immédiatement après la conquête romaine, grâce à une vaste oeuvre d'urbanisation menée par les Antonins et les Sévères. Seules la présence et la persistance de ces institutions fondamentales romaines sur la terre dace peuvent expliquer cette particularité des armées féodales roumaines : la "grande armée"; celle-ci perpétue les traditions militaires populaires des communautés rurales, de la seconde moitié du premier millénaire jusqu'aux brillants succès militaires des Roumains sous Mircea le Vieux et Etienne le Grand. L'évolution des institutions militaires des Etats limitrophes, slaves ou hongrois, se réalise autour d'un noyau de guerriers commandé par un chef (<u>kagan</u>) ce qui est la raison, également, de la domination d'une sorte de caste féodale militaire. En revanche, dans l'organisation militaire des Etats féodaux roumains, cette cellule de soldats de métier ne semble pas avoir joué un rôle quelconque alors que, dans la hiérarchie féodale, le privilège essentiel demeure la possession foncière - ce qui correspond à l'expression <u>boier de ţară</u>, "noble possédant des terres".

Un autre groupe d'appellatifs est intéressant à étudier : celui qu'implique la fonction, pour les communautés rurales, de délibérer et de décider. Comme on l'a vu dans un précédent chapitre, le mot latin <u>veteranus</u> finit par ne plus désigner seulement l'âge proprement dit comme il est naturel, puisque les soldats démobilisés avec <u>honesta missio</u> étaient, bien évidemment, des vétérans par rapport aux jeunes qui commençaient à peine à porter les armes; rappelons que le mot roumain <u>tînăr</u> vient du latin <u>tenerus</u>, "tendre", et qu'il existe, parallèlement, dans les sous-dialectes intra-carpathiques, le terme <u>june</u>, du latin <u>iuvenis</u>.

Ce sens de <u>veteranus</u> s'enrichit d'une connotation institutionnelle, <u>oameni buni şi bătrîni</u>, expression directement et parfaitement traduite du latin, <u>homines boni et veterani</u>; c'était les membres du conseil des assemblées villageoises au long de toute l'histoire de cette institution. Ceci signifie que, pendant toute la durée des migrations, les communautés rurales ont eu une structure intérieure cohérente et de tradition latine; car c'est seulement dans le milieu provincial que nous pouvons comprendre de quelle manière d'anciens militaires romains, auxquels on donnait des terres en Dacie Trajane ou en Mésie, détenaient l'autorité et le prestige. Dans ces provinces, les vétérans avaient, en effet, un statut privilégié comme l'attestent des dizaines d'inscriptions apposées par eux ou en leur honneur. Ce statut allait devenir d'autant plus important lorsqu'après le retrait de l'armée romaine, les vétérans furent parmi les propriétaires les plus riches et, en même temps, les détenteurs d'une compétence militaire supérieure acquise dans l'armée romaine.

Il existe également un autre terme qui a subi une évolution sémantique saisissante; il s'agit du latin conventus, "assemblée", qui a un sens précis dans la vie des provinces de l'Empire, conventus civium Romanorum, c'est-à-dire l'assemblée des citoyens romains d'une ville ou d'une province, assemblée institutionnalisée jouissant de nombreux privilèges. Il est vrai que ce terme a évolué vers le roumain cuvînt qui n'a pas le seul sens générique de "mot", "parole", mais aussi celui d'"intervention publique" de quelqu'un qui prend part à une délibération et à une prise de décision. Ceci veut dire qu'au sein des communautés latinophones nord-danubiennes s'est perpétuée la tradition antique des délibérations préalables aux adoptions des décisions collectives.

Il est aisé de conclure que ce mode de vie, issu de la réalité urbaine du monde romain, se retrouve également dans les institutions du village roumain. Cette transposition n'est nullement en contradiction avec tout ce que nous savons, grâce aux sources archéologiques et aux analogies historiques, quant à l'ample ruralisation de la vie romaine à la fin de l'Antiquité. Il y a lieu, toutefois, de noter la particularité suivante : bénéficiant précisément des conditions spécifiques dans lesquelles s'est déroulé ce processus sur le territoire dace, la ruralisation au nord du Danube n'a pas impliqué, comme en d'autres endroits, l'épuisement graduel de la ville et des institutions socio-politiques qui lui étaient propres, mais a entraîné le transfert des structures essentielles, de la ville romaine au village qui allait devenir roumain.

Un tel mécanisme est totalement incompatible avec la prétendue émigration chaotique des habitants romains vers la province de Dacie Ripensis et une mise à l'abri précipitée devant les envahisseurs. Ceci suppose, au contraire, un grand intervalle de temps avec une translation graduelle de la ville vers le village le plus proche, une décantation historique de longue durée dans des circonstances où ne s'exerce aucune autorité directe de l'administration provinciale et où ne s'instaure aucun pouvoir d'une aristocratie militaire allogène. Sinon, cette modification des institutions eût été tout autre.

La tardive présence de groupes tels les Gépides au VIe

siècle, les Hongrois aux IXe-Xe siècles, présence survenue juste après que ces formations furent pleinement consolidées, n'a pu altérer les structures fondamentales de ces institutions. Celles-ci furent seulement utilisées, pour une période limitée dans le temps, comme auxiliaires d'une domination éphémère - tout comme le fit l'Empire byzantin dans son avance vers les Bouches du Danube. Ceci ne fit malgré tout que renforcer ces institutions traditionnelles.

Une autre institution, avec un rôle exceptionnel à cette époque complexe, est celle des _juzii_ et des _judecii_ du droit féodal roumain. Le _judex_ latin, dont dérive le roumain _jude_, était un magistrat possédant un pouvoir surtout judiciaire, mais aussi touchant le domaine politique et administratif. L'évolution sémantique du terme _judeţ_ converge vers la même interprétation; ce mot désignait au début une institution juridique qui est devenue, tout en conservant cette compétence, la division administrative principale de la Roumanie. Ainsi se perpétue l'ordre romain dans ce que fut la Dacie.

Durant la période de formation des Etats féodaux roumains, apparaissent deux autres notions, à l'étymologie slave, mais dont l'essence est indissolublement liée à l'histoire ininterrompue des communautés roumaines.

Nous avons déjà montré en quelles circonstances ont été adoptées les dénominations roumaines des institutions et des réalités propres aux Roumains. Dans le cas du cnézat et du voévodat, le fait même qu'il est question d'institutions communes à tous les Roumains, aussi bien de Transylvanie que de Moldavie et de Valachie, prouve qu'il s'agit d'une structure primitive et autochtone du pouvoir. Une telle uniformité ne peut être que le résultat d'un développement interne unitaire alors qu'aucun des groupes allogènes auxquels certains attribuent l'introduction de ces institutions, n'a exercé, à un moment donné, le pouvoir sur la totalité du territoire habité par les Roumains.

D. Onciul formulait même l'hypothèse que le terme _cnez_ n'aurait été qu'une traduction, en slavon, du _jude_ du vieux système institutionnel roumain (3). D'ailleurs, dans les langues slaves, l'appellatif _knez_ désigne des notions diverses - prince, noble, propriétaire - tandis que, dans l'usage roumain, ce mot a un sens unique concernant, comme l'écrivait P. P. Panaitescu, _une catégorie sociale archaïque de propriétaires de villages_; c'est donc une instance politico-militaire résultant de l'union de plusieurs communautés rurales autochtones (4). On a même proposé une étymologie latine pour cnez - _cuneus_, unité militaire romaine -, mais cette hypothèse n'est pas des plus convaincantes.

Ce qui importe, c'est de savoir si le cnézat était héréditaire ou électif; la majorité des historiens incline pour la seconde possibilité ce qui fait descendre le cnézat, en ligne directe, des institutions électives à caractère administratif et judiciaire des communautés villageoises pré-médiévales.

Une institution en corrélation avec celle du cnézat est le voévodat. Nous avons de nouveau à faire à un mot slave, mais une remarque s'impose : tandis qu'en milieu slave, le voévode commande des soldats d'un cnézat (comme il appert, au demeurant, du nom), dans les territoires roumains, les cnèzes sont subordonnés aux voévodes qui détiennent, en plus de la qualité de chef des soldats, celle de Seigneur tout puissant, c'est-à-dire maître suprême de tout le territoire. Le voévode est le chef d'une confédération de cnèzes, mais apparaît également comme le titulaire d'une fonction politique coordonnant les cnézats et possédant des pouvoirs plus larges et plus complets que ceux des cnèzes (5).

Aux IXe et Xe siècles, l'expansion hongroise en Transylvanie se heurta à la résistance des voévodes Gelu, Glad et Menumorut. La conquête ultérieure de la Transylvanie, au XIIe siècle, rencontra ces mêmes formes d'organisation autochtone et originale, puissamment enracinées dans la réalité locale; ceci explique l'échec de la tentative des Anjou de Naples-Hongrie de remplacer cette structure politique différente de celle qu'ils avaient systématiquement implantée, de "haut en bas", dans la Hongrie féodale. Lorsque les Hongrois ont voulu imposer une forme de royauté inconnue des Roumains, ceux-ci l'ont rejetée grâce, précisément, à leur propre expérience politique et parce que leur ordre interne était entièrement constitué et généralisé. Cette situation se retrouve en Croatie où l'institution locale, le ban, a été intégrée telle quelle à la domination des féodaux étrangers.

L'existence de nombreux voévodes en Transylvanie montre nettement qu'ils incarnaient, à l'origine, une société roumaine avec sa propre hiérarchie féodale que seul un processus complexe de subordination et de magyarisation a rendu difficile à identifier. Le fait qu'en aucun endroit de l'ancien royaume de Hongrie, ne s'est trouvée une organisation territoriale et politique semblable au voévodat de Transylvanie indique clairement que cette institution est typique de la civilisation roumaine existant avant la conquête hongroise.

L'hypothèse formulée par certains historiens hongrois, selon laquelle le voévodat aurait été créé d'après le modèle des Marches germaniques n'a pas de fondement réel. Tant les Saxons que les Sicules ont reçu, du royaume de Hongrie, l'autonomie administrative sous l'autorité d'un comte qui n'en répondait pas au voévode, mais uniquement au roi. Ceci confirme qu'à cette date, le roi ne disposait pas du voévodat de Transylvanie de la même manière que du comté, simple instance exécutive; le voévodat représentait bien un ordre juridique et politique différent de celui apporté par les Saxons ou de celui transmis aux Sicules par leurs ancêtres. Cet ordre, justement, n'a pu être dissous, ni par les Hongrois, ni par les colons installés par ceux-ci sur l'espace transylvain.

Comme nous le notions précédemment, la cristallisation d'une hiérarchie et d'une civilisation féodales roumaines en Transylvanie illustre un processus autonome antérieur à l'invasion hongroise. Contrairement à l'évolution spécifique de la partie occidentale du territoire, dans la zone du voévodat d'Ahtum (autour de Morisena-Cenad), région beaucoup plus perméable à l'influence balkanique que le reste de la contrée intra-carpathique, la constitution d'une "caste" féodale roumaine, nombreuse et puissante, laïque aussi bien qu'ecclésiastique, a représenté un progrès consolidé à l'intérieur du système voévodal et, simultanément, les prémisses de la résistance roumaine qui se manifestera contre l'influence des conquérants.

Les Roumains, quelle que soit la date où l'on admet leur présence en Transylvanie, sont mentionnés dans des documents avec leurs institutions typiques : communautés rurales, villages, assemblées de féodaux propriétaires, cnèzes, voévodes. Or, au sud du Danube, la structure des institutions sociales est différente et reflétée par une autre terminologie : le hameau, les fraternités, les grandes tribus, les braves (c'est-à-dire les jeunes en état de combattre), les notables, les habitants des hameaux, etc. (6). Dominée par les rapports sociaux d'origine gentilice, cette hiérarchie verticale, adéquate à la vie de transhumance à prédominance pastorale, n'a aucun lien avec la composition des sociétés roumaines de Transylvanie, régies par la relation avec la terre et possédant une hiérarchie déterminée par une distribution spécifique des propriétés foncières. Aucune institution de type ohaba (territoire bénéficiant d'une immunité fiscale) ne se rencontre au sud du Danube; on la trouve uniquement au nord du fleuve, dans la région la plus romanisée où elle illustre, de l'époque romaine jusqu'au XIVe siècle, la continuité ininterrompue des communautés rurales libres.

Enfin, si les Roumains avaient vécu au sud du Danube jusqu'au milieu du Moyen-Age, ils auraient été familiarisés depuis longtemps avec le phénomène urbain byzantin et slavo-byzantin, fortement présent dans le voisinage immédiat de leur prétendue aire d'existence historique; ils auraient apporté, avec eux, au nord du Danube, soit le mot grec polis, soit le vocable slave grad. Ils ont, au contraire, conservé le latin civitas, devenu cetate, mais sans avoir leur propre terme pour désigner une grande agglomération urbaine; quant aux petites unités administratives, ils utilisaient l'appellatif d'origine slave, tîrg. Ceci est une preuve indéniable qu'ils ont vécu dans leurs formations rurales, défendues, en certains endroits, par des

122

fortifications et que, pour les nouvelles "villes" selon le modèle occidental, développées dans leur ancestral territoire à l'initiative des conquérants étrangers, ils ont eu besoin d'adopter un terme ayant ce sens, varos, roumanisé toutefois avant 1400.

Cette population de Transylvanie, majoritairement roumaine au début du Moyen-Age, possédait donc ses formations particulières, consolidées tout au long d'une transformation multiséculaire. Les normes, qui ont donné la forme juridique aux rapports sociaux propres à ce système institutionnel roumain, constituaient un système de droit nettement défini au moment de la conquête par les Hongrois; ceux-ci ont dû le reconnaître, sous le nom de ius Valachicum, et le respecter tout comme les autres traditions autonomes et spécifiques des collectivités roumaines de l'espace intra-carpathique. Dans la zone extra-carpathique, ces institutions et un droit similaire, de vieille tradition préromaine et romaine (7), ont connu un développement plus accompli grâce à des circonstances historiques qui ont permis la constitution et l'affermissement des voévodats indépendants de Moldavie et de Valachie. L'unité fondamentale de ces structures, le caractère typiquement roumain des institutions - de la communauté rurale au voévodat - représentent un témoignage évident de leur unité historique et de leur ascendance commune daco-romaine; il en est de même pour le mot țară, vieux vocable latin (terra) qui devint le nom de la formation politico-territoriale des Roumains et que l'on retrouve dans l'expression Țara Românească, "le Pays Roumain", autre dénomination de la Valachie.

La signification de l'unité et de la continuité du peuple roumain en Dacie réside dans la discontinuité de ses gouvernants, de facto ou de jure notait A. Sacerdoțeanu dans l'étude déjà citée. Généralement, on parle de 1000 années de domination barbare. En réalité, en Dacie, il y eut un flux et un reflux barbare. Quel que fût le peuple, il venait, étant victorieux sur le champ de bataille, avec une ardeur évidente et se déclarait maître de ses conquêtes. Mais, plus ou moins rapidement, la fatigue le gagnait, sa vigilance s'estompait et la faiblesse s'installait. Le temps était alors arrivé pour que les autochtones survivants se redressent, se manifestent dans leur propre mode de vie et même, accueillent dans leurs rangs ces dominateurs qui n'étaient plus capables de mener d'autres guerres de conquête. La succession des peuples envahisseurs a provoqué une discontinuité des gouvernants et de la domination directe, ce qui a permis aux autochtones de relever la tête. Ceci apparaît nettement dans le développement graduel de la vie sociale et politique du peuple roumain (8).

(1) P.P. Panaitescu, Obștea țărănească în Țara Românească și

123

Moldova, București, 1964. Voir également A. Sacerdoțeanu, Elemente de unitate și continuitate în istoria medievală a românilor dans le volume Unitate și continuitate în istoria poporului român, București, 1963.

(2) Z. Petre, L'esercito di Burebista, "Quaderni Catanesi", III, 1982, pp. 5-15.

(3) A. Sacerdoțeanu, Les études de D. Onciul sur quelques anciennes institutions roumaines, "Revue roumaine d'histoire", XII, 1973, pp. 23-29 et I. Minea, Originea română a instituțiunii cnezatului la noi, "Cercetări istorice", I, 1925, p. 412 sqq.

(4) P.P. Panaitescu, op. cit., p. 67.

(5) I. Lupaș, Réalités historiques dans le voïvodat de Transylvanie du XIIe au XVIe siècles, dans le volume La Transylvanie, Bucarest, 1938.

(6) On trouve, au nord du Danube, les institutions suivantes : comună rurală, sat, obște, cneaz, voievod, différentes de celles existant au sud du fleuve : cătun, frății, mari triburi, voinici, celnici, cătunari.

(7) V. Sotropa, Coutumes pré-romaines dans l'ancien droit roumain, "Revue roumaine d'histoire", XIX, 1980, pp. 3-20.

(8) A. Sacerdoțeanu, Elemente ..., p. 112.

LIVRE VI

LES SOURCES MEDIEVALES ET LA CONTINUITE ROUMAINE

LES SOURCES MEDIEVALES ET LA CONTINUITE ROUMAINE

Si les écrits de l'Antiquité, en particulier l'<u>Historia Augusta</u>, ont apparemment offert une base aux théories de R. Roesler, ceux du Moyen-Age présentent, en revanche, d'éclatantes preuves de la continuité roumaine.

L'antériorité des Roumains sur leur territoire historique par rapport aux autres peuples installés en cette région au début du Moyen-Age y est clairement montrée. Pourtant, alors que les informations antiques sont acceptées telles quelles et sans aucune analyse critique, les oeuvres médiévales font l'objet d'une exégèse hypercritique qui tente d'établir leur fausseté en ce qui concerne les Roumains. Cette inégale répartition est étrange, à moins qu'il ne faille dire révélatrice; l'aune des examens ne devrait pourtant pas varier en fonction des préjugés.

Nous avons, par exemple, au IXe siècle, la mention, par le géographe arménien Chorenatsi, du <u>pays dit Balak</u> (1). Si l'on applique une méthode rigoureuse, cette indication doit être jugée selon :

-   les sources qui lui ont donné naissance,

-   la qualité de celles-ci et leur impartialité,

-   la distance, dans le temps, les séparant de la réception des données transmises,

-   leur concordance avec d'autres renseignements, écrits ou non.

Or, si l'on considère les trois premiers points cités, la <u>Géographie</u> de Chorenatsi répond à ces exigences. L'auteur est un érudit qui utilise, de première main, un grand nombre de sources byzantines et moyen-orientales; le <u>pays Balak</u> se réfère à une situation contemporaine; de plus, Chorenatsi n'est impliqué dans aucun intérêt particulier lié aux Roumains. La localisation de ce <u>pays Balak</u> au nord du Danube ne laisse place à aucun doute; l'archéologie y prouve, en effet, l'existence d'une civilisation, reflet d'un groupe ethno-linguistique indépendant que Chorenatsi nomme <u>Balak</u>, c'est-à-dire Blaque, Vlaque, Valaque.

Le fait que sous ce nom "Valaque", transmis par les écrivains byzantins, les savants de tout l'Orient connaissent les

Roumains nord-danubiens, nous est confirmé par la plus ancienne chronique turque, Oguzname (2). A propos d'événements datant du IXe siècle, ce document mentionne une expédition des Coumans contre les Russes et contre d'autres peuples insoumis parmi lesquels les Ulakes, c'est-à-dire les Valaques dont le chroniqueur cite le pays. Enfin, l'érudit arabe Al-Maqdisi fait apparaître, dans ses écrits concernant la fin du Xe siècle, les Roumains sous le nom de Walah (3).

Dans ces trois cas, les sources sont dépourvues de relation directe avec la région danubienne et leurs auteurs ne sauraient être soupçonnés d'aucune partialité. Nous n'avons donc aucune raison de contester leur véracité.

Comment alors ne pas ressentir l'inanité de l'affirmation selon laquelle les Roumains n'auraient jamais été mentionnés dans des textes antérieurs au XIIIe siècle et, qu'en conséquence, leur présence au nord du Danube et en Transylvanie, avant cette date, ne serait que pure supposition ?

Les oeuvres médiévales du haut Moyen-Age évoquent les Roumains sous les noms que leur ont donnés les Byzantins. Récuser le témoignage d'historiens plus tardifs, sous prétexte d'anachronisme, n'a guère de sens. Il est exact que demeurent, d'une part, la question du nombre relativement limité des écrits ainsi que celle de leur absence pour la période antérieure au IXe siècle; tout comme il reste, d'autre part, le problème de la distinction dans les sources byzantines, pas toujours aisée à effectuer, entre Valaques balkaniques et Valaques nord-danubiens. Ceci relève toutefois de l'historiographie, non de l'histoire. En outre, la reconnaissance de la continuité roumaine dans l'aire carpatho-istro-pontique ne dépend nullement de l'éclaircissement de ce point.

Il est évident, par exemple, que Byzance a revendiqué pendant longtemps, ne serait-ce que nominalement, une souveraineté sur les territoires danubiens, ces pays roumains dont elle n'avait pas reconnu l'indépendance. La différenciation entre "Valaques", c'est-à-dire Roumains, et "Romains", c'est-à-dire descendants des citoyens de l'Empire romain d'Orient, ne s'est imposée qu'au moment où l'on a pris conscience de la réelle autonomie historique de l'aire roumaine. De la même manière, il est clair que la nette perception de l'identité roumaine correspond à l'achèvement du processus d'ethnogénèse des Roumains, processus que nous pouvons considérer comme terminé au IXe siècle.

Il est dans les habitudes des savants, aussi bien d'Occident (tel le Géographe Anonyme de Ravenne qui parle de la Dacie) que de Byzance, de donner aux contrées appartenant jadis à l'Empire romain leurs appellations traditionnelles : Scythie pour le nord de la Mer Noire, Dacie pour l'ancienne province instituée par Trajan; ou bien encore de nommer les habitants d'Italie, Ausones. Comme l'écrivait L. Musset, au-delà d'une succession d'"Empires", existe une population stable dont les sources ne parlent pas. Plusieurs empires, qui nous paraissent fort différents parce qu'on ne nous en cite que les clans dirigeants, qui changent en effet, peuvent se bâtir ainsi successivement avec les mêmes matériaux (4).

A la lumière des sources écrites orientales, et de quelques mentions indiscutables dans les documents byzantins (5), on ne peut donc plus accepter l'idée d'une véritable absence des Roumains dans les écrits de cette époque; tout au plus, peut-on parler d'une occultation incidente provoquée par le contexte historique et historiographique dans lequel vivaient les auteurs des IXe et Xe siècles. La tentative d'infirmer les informations des chroniqueurs hongrois et russes à propos de la présence roumaine dans l'aire carpatho-danubienne, aux IXe-Xe siècles, devient totalement caduque.

Nous avons déjà noté l'essentiel de la relation, par le chroniqueur anonyme du roi Bela, P. dictus magister, quondam regis Belae notarius, de la résistance des "ducs" Gelu, Glad et Menumorut à l'expansion hongroise du Xe siècle. Puisque d'autres sources contemporaines aux événements confirment la présence des Valaques au nord du Danube, puisque, par ailleurs, le Notaire Anonyme appartient à cette tradition des Gestes remontant le temps quasiment jusqu'aux faits, puisqu'enfin, l'auteur anonyme de la Gesta Hungarorum est lié au monde féodal hongrois de Transylvanie sur lequel il pouvait posséder des données généalogiques et historiques suffisamment sûres - pourquoi ne pas accepter, en substance, ses indications sur Gelu quidam Blacus ?

Gelu, dux Blacorum, a toutes les chances d'avoir existé. Son nom, lui-même, est roumain. V. Bogrea, qui fut l'un des plus grands philologues classiques de l'entre-deux-guerres, a démontré que Gelu n'est qu'un appellatif dû à un phonétisme régional, Gialu, pour Deal (6).

De plus, les Roumains de la région du Someş qui ont lutté contre Tuhutum ont vraiment existé. Ajoutons que l'archéologie corrobore le Notaire Anonyme, qu'il s'agisse des récentes découvertes à Dăbîca qui ont mis au jour ce qui est, probablement, la citadelle de Gelu, ou de la recherche d'une citadelle édifiée en terre à Glogovetz, près d'Arad, dans la zone où la Gesta Hungarorum place le duché de Glad et où, dans la première moitié du Xe siècle, grand nombre de forteresses furent incendiées, ce qui peut être relié aux luttes contre les Hongrois (7). Enfin, à Biharia, on a trouvé quelques tombes hongroises datant de la première moitié du Xe siècle; pour M. Rusu, ces vestiges correspondent bien aux tombes des conquérants tués lors de la bataille contre Menumorut (8).

On enregistre donc, dans les trois zones mentionnées par le Notaire Anonyme comme centre de résistance à l'envahisseur hongrois, des incendies à l'époque où le chroniqueur situe les événements; de plus, on voit clairement que toutes les fortifications incendiées ont été reconstruites ce qui renforce les informations du Notaire Anonyme sur le fait qu'à cette période la conquête ne faisait que commencer et était encore limitée.

La vérité est qu'en examinant l'historiographie, surtout hongroise, relative à cette époque, demeure l'impression que certains veulent, à dessein, que la Transylvanie ait été conquise au Xe siècle, mais qu'ils n'admettent, en aucun cas, que cette terre fût prise à quelqu'un. Ceci explique l'analyse contradictoire du texte du Notaire Anonyme. Tantôt, on le loue pour sa précision, tantôt, on le blâme pour ses anachronismes et ses fantaisies.

Rappelons ce qu'écrivait W. Tomaschek : <u>Le Notaire Anonyme ne pouvait être assez stupide pour vouloir convaincre ses compatriotes que les Valaques auraient été des anciens habitants de leur pays quand tout le monde d'alentour aurait dû savoir que ce peuple - comme le prétend Roesler - n'était là que depuis 60 ans.... Au XIIIe siècle, à l'époque du Notaire, personne ne voyait dans les Valaques des émigrants de fraîche date</u> (9).

Les preuves fournies par le Notaire Anonyme trouvent confirmation dans la tradition transmise par la plus vieille chronique russe, la <u>Chronique de Nestor</u> ou <u>Chronique russe de Kiev</u> (10). Ce texte anonyme, rédigé à la fin du XIe siècle ou au début du XIIe, évoque l'expansion hongroise en Transylvanie et précise que là-bas, les Hongrois ont lutté contre les Voloques et contre les Slaves (<u>protiv volohov i slavian</u>) qui vivaient en cette région. Quelle que soit la volonté d'identifier les Voloques de ce récit avec d'autres peuples que les Roumains - que les auteurs de langue slave nomment, dans leur propre idiome, <u>olahi</u> ou <u>volohi</u> - ce n'est qu'une esquive face à une vérité historique incontestable. Deux sources narratives, absolument indépendantes l'une de l'autre et appartenant à deux horizons culturels sans contact, nous lèguent donc ces informations, ce qui constitue une présomption, parmi les plus certaines, en faveur de la véracité desdites informations.

Ces témoignages sont, ne serait-ce qu'indirectement, garantis par un auteur hongrois d'expression latine, Simon de Kéza. Il est vrai que le Notaire Anonyme est l'une des sources écrites de Simon de Kéza ce qui, en principe, pourrait diminuer le caractère indépendant des renseignements; toutefois les commentaires dont il accompagne la relation sur les Valaques ne dérivent pas du Notaire, mais représentent, soit une autre donnée, soit une indication acquise par lui-même, à qui l'on doit accorder une bonne connaissance des réalités de la Transylvanie contemporaine.

Parlant des Vlaques pasteurs et colons - c'est-à-dire agriculteurs - issus des Romains, Simon de Kéza précise <u>remanentibus sponte in Pannonia</u>, "restés de bon gré en Pannonie". Comme il n'existe pas de groupe roman autonome en Pannonie proprement dite au début du Moyen-Age, il est d'usage de considérer que la <u>Pannonia</u> de Simon de Kéza doit être entendue dans le sens générique désignant la totalité de la plaine appartenant aux Hongrois, y compris le plateau transylvain; de même, il est habituel d'admettre qu'il apprit que la population d'expression romane de cette contrée descendait des habitants de la province de Dacie restés sur leurs terres ancestrales.

A ceci s'ajoute le fait que rédigeant ses oeuvres en pleine époque de la prétendue "admigration" des Roumains au nord du Danube, Simon de Kéza n'aurait eu aucune raison d'affirmer que les Roumains sont un peuple dont l'existence sur ce territoire intra-carpathique est largement antérieure à celle des Hongrois. Il observe également, à cette période, l'influence exercée par les Roumains sur les Sicules (11) qui, <u>cum Blakis in montibus confini sortem habuerunt</u>, vivaient avec les Vlaques dans les régions montagneuses des frontières où, <u>cum Blakis commixti</u>, mélangés aux Vlaques, ils ont appris à utiliser l'écriture de ceux-ci.

Au XIe siècle, d'autres textes, byzantins, tel le <u>Strategikon</u> de Kekaumenos, évoquent les Vlaques descendants des Romains et expliquent leur présence au sud du Danube par un transfert forcé du nord vers le sud, conséquence de la pression byzantine. Nous ne nous arrêterons pas sur les détails, mais il est évident qu'ils n'auraient pas été consignés de la même façon si l'auteur avait vécu lors de la prétendue translation des Vlaques en sens inverse, du sud au nord du Danube. En général, les sources byzantines connaissent plus minutieusement la situation au sud du fleuve, mais elles transmettent d'une manière constante l'image d'une <u>Romania</u> orientale dont l'axe est le Danube. Ces réalités sont ainsi sous-jacentes dans le texte d'Anne Comnène, <u>Alexiade</u> (12).

Vers la fin de ce même XIe siècle, le manuscrit intitulé <u>L'Ornement des histoires</u>, dû à l'érudit persan Gardizi, parle d'un peuple chrétien descendant de l'Empire romain, <u>az Rum</u>, qu'il place entre les Russes, les Bulgares et les Hongrois; <u>ils sont plus nombreux que les Hongrois, mais plus faibles</u> écrit Gardizi, prouvant qu'il avait en une assez bien bonne vision de l'expansion hongroise dans l'aire d'habitation des Roumains (13).

131

Au XIIe siècle, des témoignages semblables montrent que pour des savants de Constantinople, les Roumains étaient bien au nord du Danube; Nicétas Choniates les signale vers la Galicie et Kinnamos entre le Pont-Euxin et le royaume de Hongrie, précisant que l'on dit de ces Vlaques qu'ils sont les descendants de colons italiques d'autrefois (14).

La grande épopée germanique Les Nibelungen, rédigée à cette même période, parle du Prince Ramunc de Vlaquie (15); quelle que soit la date exacte de cette indication, elle représente un terminus ad quem pour l'identification de l'existence politique autonome des Roumains à l'aube du Moyen-Age.

Nous pouvons donc en conclure que les sources narratives, soit latines ou plus généralement occidentales, soit byzantines et orientales, offrent de nombreuses et solides preuves permettant d'affirmer la présence massive des Roumains constitués, dans leur espace multiséculaire carpatho-istro-pontique, en formations politico-militaires indépendantes.

On fait remarquer aux Roumains que la pauvreté des mentions les concernant dans les documents de la chancellerie hongroise avant le XIVe siècle confirmerait leur immigration tardive en Transylvanie. Notons, au passage, que s'il est question de l'argument ex silentio, dont la valeur intrinsèque n'est pas toujours indiscutable, il convient d'estimer à sa juste valeur l'absence de renseignements directs sur les nombreux Roumains au sud du Danube aussi bien avant qu'au cours des XIIe et XIIIe siècles, d'une part, et leur prétendue installation en Transylvanie, à cette date, d'autre part.

Ceci est vrai, depuis les sources archéologiques qui, pour les IIIe et IVe siècles après J.-C., ne rendent compte, ni d'une augmentation brusque, démographique ou culturelle, ni d'une modification dans l'évolution réelle à l'intérieur des frontières de la province aurélienne, jusqu'aux écrits consignant, dans la mesure où cela était possible à l'époque, l'existence des Vlaques au nord de l'aire balkanique.

En ce qui concerne les XIIIe et XIVe siècles, l'abondance de documents est beaucoup plus imposante que pour les XIe et XIIe siècles; ceci est dû, tant à un développement des pratiques administratives et de chancellerie, qu'au fait que, dans une période de relative tranquillité intérieure et extérieure, ils ont pu être plus facilement conservés. Nous constatons justement à cette période la présence attestée de Roumains en Transylvanie; convient-il, franchement, d'en déduire qu'avant cette date, ces Roumains n'existaient pas ? Il nous semble plus judicieux de se souvenir de quelques événements. La majorité des documents transylvains se trouvaient dans les archives d'Alba Iulia dévastées par les Tatars en 1241; deux incendies successifs, en

1277 et 1308, ont parachevé ces destructions de sorte que la plus grande part des actes anciens sont connus, non sous la forme originale, mais de façon indirecte, par des confirmations ultérieures, surtout de titres de propriété.

    Or, qui pouvait en solliciter ? Assurément, ni les paysans, ni les habitants des villages qui se savaient, depuis des temps immémoriaux, les maîtres de leurs terres; de plus, pendant des siècles, dans toute l'Europe, les paysans et villageois ont vécu indifférents aux droits que l'on ne pouvait acquérir que par des relations compliquées avec l'administration. Toute autre était l'attitude des féodaux hongrois qui entraient en conflit avec les autochtones, à propos du privilège de s'ériger eux-mêmes en maîtres des villages et des terres reçus ou usurpés; ces féodaux avaient besoin de preuves pour étayer ces droits contestés. Les confirmations, en contradiction avec la situation réelle du XIIIe siècle, étaient sollicitées par ceux qui avaient intérêt à les obtenir et uniquement pour les cas qui leur étaient favorables. Seule la nécessité d'éclaircir les liens de propriété devenus discutables à la suite de tant de destruction de documents du siècle précédent, obligea l'administration à indiquer, par écrit, les rapports entre les nouveaux maîtres et les Roumains se trouvant depuis toujours sur les terres dont on venait de les déposséder.

    Un acte n'est pas établi n'importe quand ! Il est le résultat et le signe d'un processus de substitution d'un ordre à un autre ordre préexistant. L'installation des colons saxons, la fondation d'abbayes catholiques et la colonisation des Chevaliers Teutoniques provoquèrent l'apparition de quelques documents qui, en mentionnant les anciennes structures roumaines disloquées, infirmaient ainsi la thèse de l'immigration des Roumains après 1241.

    Seule l'insertion des collectivités roumaines restructurées dans les rapports patrimoniaux et juridiques qui se cristallisèrent aux XIIIe et XIVe siècles, entraîna le fait de signaler ces collectivités (16). Dans les 480 documents publiés concernant les Roumains de Transylvanie, il n'existe aucun acte de donation ou de colonisation relatif aux Roumains; en revanche, les biens *in ipsa terra Blaccorum* sont indiqués ce qui montre, à l'évidence, que cette population était maître, depuis des temps immémoriaux, des contrées en question.

    A cette période, se succèdent les mentions des Vlaques dans des lieux fort éloignés les uns des autres, mentions assez nombreuses, ce qui est une preuve supplémentaire, si besoin en était, de la présence généralisée des Roumains. Les plus anciens textes de chancellerie connus parlant des Roumains de Transylvanie datent des premières années du XIIIe siècle; un acte de 1202 évoque des habitants de Bihor s'appelant Fecior, Fata, Micu,

133

Tata - des noms on ne peut plus roumains - et un autre acte de 1205 signale un village soustrait à la possession des Vlaques. Suit, dans l'ordre chronologique, un ensemble de documents remontant au règne du roi André II de Hongrie et désignant les Vlaques, soit comme soldats du roi (1210), soit comme propriétaires d'un pays des Vlaques, terra Blaccorum, par où passent les Chevaliers Teutoniques en étant exemptés de droits de douane (1222), soit encore comme les plus anciens propriétaires connus, mais spoliés, d'une terre donnée alors au monastère de Cîrtsa (1223), terram exceptam de Blacis.

Ceci prouve l'incontestable existence des structures institutionnelles et traditionnelles des Roumains, aussi bien patrimoniales que politico-administratives, existence derrière laquelle il convient de supposer une élaboration historique de longue durée (17).

Par conséquent, lorsqu'en 1224, André II donna aux Saxons silvam Blaccorum et Bissenorum, les forêts des Vlaques et des Petchénègues ainsi que les eaux, avec droit d'utilisation commune, usus communis exercendo, la référence à cette utilisation commune, antérieure à l'installation des Saxons, témoigne clairement que les Roumains étaient déjà en cet endroit, au moins au Xe siècle, parce que c'est seulement à cette époque que l'on a pu constituer une telle norme (18).

Est-ce que de simples "bergers" auraient pu disposer de l'usage commun des forêts et des eaux ? Et ceux qui fondent le droit, ainsi que les droits, sur la terre, pouvaient-ils être "étrangers" à cette terre ?

En 1336, on trouve une plainte des paysans roumains du village de Sînpetru de Bistritsa, entrés en conflit avec les Saxons d'un village voisin, et revendiquant leurs terres en ces termes : territorium suum ultra mille annos possessum per se et maiores suos multis vicibus sanguine redemptura ... penes villam Blachorum cuius ab antiquo fuisse et situs et publica notitia demonstrant, "ce territoire en possession de leurs ancêtres et d'eux-mêmes, depuis plus de mille ans, défendu et sauvé de beaucoup de malheurs par leur sang, doit retourner sous la possession du village des Vlaques auquel il a toujours appartenu, comme cela est montré par le lieu et les documents publiques" (19).

Que pourrions-nous ajouter à ces paroles qui sont, en un sens, sacrées ?

(1) A. Decei, Românii din veacul al IX-lea pînă în al XIII-lea în lumina izvoarelor armeneşti, Bucureşti, 1939, p. 102.

(2) Mehmet Ali Ekrem, O mențiune inedită despre românii din sec. IX în Oguzname - cea mai veche cronică turcă, "Studii și cercetări de istorie veche și arheologie" XXXI, 1980, pp. 287-294.

(3) A. Decei et V. Ciocîltan, La mention des Roumains (Walah) chez Al-Maqdisi, "Romano-arabica", 1974, pp. 49-54.

(4) L. Musset, Les invasions. Les vagues germaniques, Paris, 1965, p. 227.

(5) E. Stănescu, Les Vlachoi de Kinnamos et Choniates et la présence militaire byzantine au nord du Danube sous les Comnènes, "Revue des études sud-est européennes", IX, 1971, pp. 585-593.

(6) Dans "Dacoromania", I, 1922, p. 219 et IV, 1924-1926, p. 866.

(7) S. Olteanu, Realități demografice pe teritoriul Transilvaniei în sec. VIII-X, "Revista de istorie", XXVIII, 1975, pp. 1833-1847.

(8) M. Rusu, Les formations politiques roumaines et leur lutte pour l'autonomie, "Revue roumaine d'histoire", XXI, 1982, p. 363.

(9) N. Stoicescu et I. Hurdubețiu, Continuitatea daco-romanilor în istoriografia română și străină, București, 1984, p. 176.

(10) Chronique de Nestor, édit. L. Paris, Paris, 1834-1835.

(11) Voir G. Györffy, L'origine des Sicules, "Nouvelle revue de Hongrie", août 1942, pp. 36-51 et J. Németh, La question de l'origine des Sicules, "Archivum Europae Centro-Orientalis", VI, 1940, pp. 208-241.

(12) Kekaumenos (Cecaumenus), Strategikon, édit. Wassiliewski et Jarnstedt, Saint-Pétersbourg, 1896. Anne Comnène, Alexiade. Règne de l'Empereur Alexis 1er Comnène. 1081-1118, texte établi par B. Leib, Paris, 1937-1945.

(13) Voir A. Decei, Asupra unui pasagiu din geograful persan Gardizi (a. 1050), București, 1936.

(14) Nicétas Choniates, Historia, édit. Bekker, Bonn, 1835. E. Stănescu, op. cit., pp. 585-593.

(15) F. Schuster, Herzog Ramunc aus dem Walachenland, "Südost Forschung, XI, 1946-1952, pp. 284-290. A. Armbruster, Nochmals "Herzoge Râmunc üzer Vlâchen Lant", "Revue roumaine d'histoire", XII, 1973 pp. 83-100.

(16) S. Pascu, Die mittelalterlichen Dorfsiedlungen in Siebenbürgen bis 1400, "Nouvelles études d'histoire", II, 1960, pp. 135-148.

(17) A. Decei, Contribution à l'étude de la situation politique des Roumains en Transylvanie au XIIIe et au XIVe siècles, Bucarest, 1940.

(18) T. Nägler, Silva Blacorum et Bissenorum, "Tribuna Sibiului", n° 531, 1969.

(19) P. Boca, Vechimea documentară a localităților din județul Bistrița-Năsăud, secolele XII-XV, "File de istorie", I, 1971, pp. 85-108.

BIBLIOGRAPHIE

AMMAN E.	Nicétas de Rémésiane dans Dictionnaire de théologie catholique, t. XI, Paris, 1931.
ARMBRUSTER A.	Romanitatea românilor. Istoria unei idei, București, 1972.
ARMBRUSTER A.	Nochmals "Herzoge Râmunc üzer Vlâchen Lant", "Revue roumaine d'histoire", XII, 1973.
ARMBRUSTER A.	Dacoromano-Saxonica, București, 1980.
ARMBRUSTER A.	Les Roumains de Transylvanie, "Journal of the American Romanian Academy of Arts and Sciences", XI, 1988.

Atti del colloquio Patavino sulla Historia Augusta, Padova, 1964.

AUNER C.	Dobrogea dans Dictionnaire d'archéologie chrétienne et de liturgie, publié par Dom F. Cabrol et Dom H. Leclerq, T. IV, Paris, 1921.
BAJCSY-ZSILINSZKY A.	Transilvania. Past and Future, Geneva, 1944.
BAL W.	Introduction aux études de linguistique romane avec considération spéciale de la linguistique française, Paris, 1966.
BALOG A.	Histoire démythifiée de la Roumanie, Paris, 1979.
BALTAG G.	Date pentru un studiu arheologic al zonei municipiului Sighișoara, "Marisia", IX, 1979.
BĂLUȚĂ C.	O lucernă paleo-creștină din Dacia, "Apulum", VI, 1967.
BÂRZU L.	Continuitatea populației autohtone în Transilvania în sec. IV-V e.n. (Cimitirul 1 de la Bratei), București, 1973.
BÂRZU L.	Continuitatea creației materiale și spirituale a poporului român pe teritoriul fostei Dacii, București, 1979.
BAUMANN V.	Cîteva precizări rezultate din cercetarea monumentului paleocreștin din comuna Niculițel, "Acta Musei Napocensis", XIV, 1977.
BAYNES N. H.	The Historia Augusta. Its date and purpose,

	Oxford, 1926.
BEC P.	Manuel pratique de philologie romane, Paris, 1971.
BERCIU D.	Daco-Romania, Genève, 1976.
BERCIU D. et A. BERCIU-DRAGHICESCU	Razboiul dintre Geți și Perși (514 î.e.n.), Bucuresti, 1986.
BERCIU D. et PIPPIDI D.M.	Din istoria Dobrogei, I, București, 1965.
BERTHA A. de	Magyars et Roumains devant l'histoire, Paris, 1899.
BICHIR G.	Les Daces libres, "Thraco-dacica", I, 1976.
BOCA P.	Vechimea documentară a localităților din județul Bistrița-Năsăud, secolele XII-XV, "File de istorie", I, 1971.
BODOR A.	Contribuții la problema cuceririi Daciei, "Acta Musei Napocensis", I, 1964.
BOSIO G.	Niceta, dans Bibliotheca Sanctorum, Instituto Giovanni XXIII della Pontificia Universita Lateranense, Roma, 1967.
BOURCIEZ E.	Eléments de linguistique romane, Paris, 1967.
BRÂNCUȘ G.	Considerații asupra lexicului autohton al limbii române, "Transilvania", VI, 1980.
BRATIANU G.I.	Les origines du peuple roumain; les données archéologiques, Bucarest, 1939.
BRATIANU G.I.	Une énigme et un miracle historiques, Bucarest, 1942.
BRATIANU G.I.	Le problème de la continuité daco-roumaine, "Revue historique du sud-est européen", XX, 1943.
BRATIANU G.I.	La Mer Noire, München, 1969.
BREZEANU S.	Les Roumains et "le silence des sources" dans le "millénaire obscur", "Revue roumaine d'histoire", XXI, 1982.

BURN A. E. Niceta of Remesiana, his life and works, Cambridge, 1903.

ÇABEJ E. Unele probleme ale istoriei limbii albaneze, "Studii şi cercetări lingvistice", 1959.

ÇABEJ E. Problemi i vendit të formimit të gjuhës shqipe dans le volume Studime gjuhësore, V, Tirana, 1975.

ÇABEJ E. Dise mendime mbi marrëdhëniet gjuhësore rumano-shqipare dans le volume Studime gjuhësore, VI, Tirana, 1977.

CANDREA-HECHT J.A. Les éléments latins de la langue roumaine, Paris, 1902.

CANDREA-HECHT J.A. Cours complet de grammaire roumaine, Bucarest, 1899.

CAPIDAN T. Aromânii. Dialectul aromân, Studiu lingvistic, Bucureşti, 1932.

CARCOPINO J. Points de vue sur l'impérialisme romain, Paris, 1934.

CAZACU B. Studii de dialectologie română, Bucureşti, 1966.

CHONIATES N. Historia, édit. Bekker, Bonn, 1835.

CHRISTESCU V. Istoria militară a Daciei romane, Bucureşti, 1937.

Chronique de Nestor, édit. Paris, Paris, 1834-1835.

CIORANESCU A. Diccionario Etimológico Rumano, Universidad de la Laguna, 1958-1961.

CIZEK E. L'époque de Trajan, Bucarest-Paris, 1983.

COMNÈNE A. Alexiade. Règne de l'Empereur Alexis 1er Comnène. 1081-1118, texte établi par B. Leib, Paris, 1937-1945.

CONDURACHI E.
et DAICOVICIU C. Roumanie, Genève, 1972.

CONSTANTINESCU M. Le processus d'urbanisation, Bucarest, 1974.

CORAZZA V. — Un'altra prova della continuità daco-romana : Le parole latine in Ulfila, Roma, 1968.

COTEANU I. — Elemente de dialectologie a limbii române, București, 1961.

COTEANU I. — Morfologia numelui în protoromână, București, 1969.

CSONKA J. — La version la plus récente de la théorie de la continuité daco-roumaine, "Documents sur l'Europe centrale", XVII, 2-3-4, 1979.

DAICOVICIU C. — Au sujet des monuments chrétiens de la Dacie trajane, "Mélanges de philologie, de littérature et d'histoire anciennes offerts à J. Marouzeau", Paris, 1948.

DAICOVICIU C. — Les "castella Dalmatorum" de la Dacie, "Dacia", II, 1958.

DAICOVICIU C. — "Romanitatea scitică" de la Dunărea de Jos, "Acta Musei Napocensis", VIII, 1971.

DAICOVICIU C. — Problema continuității în Dacia, Cluj, 1950.

DAICOVICIU C. — La Transylvanie dans l'Antiquité dans le volume La Transylvanie, Académie Roumaine, Bucarest, 1938.

DAICOVICIU C., PETROVICI E. et ȘTEFAN G. — La formation du peuple roumain et de sa langue, Bucarest, 1963.

DAICOVICIU H. — Notes sur la première guerre dacique de Trajan, "Acta Musei Napocensis", VII, 1970.

DAICOVICIU H. — La romanisation de la province de Dacie, "Acta Musei Napocensis", XXI, 1984.

DAICOVICIU H. — Un fragment céramique à chrisme de Ulpia Traiana Sarmizegetusa, "Revue roumaine d'histoire", XX, 1981.

DAICOVICIU H. — Portraits daciques, Bucarest, 1987.

DAMI A. — Théorie de la continuité daco-roumaine, "Bulletin de la société neuchâteloise de géographie", LI, fasc. 2, 1945 et LII,

DAMI A.	fasc. 1, 1946. La controverse de la continuité daco-roumaine, Wien-Stuttgart, 1965.
DECEI A.	Românii din veacul al IX-lea pîna în al XIII-lea în lumina izvoarelor armenești, București, 1939.
DECEI A.	Asupra unui pasagiu din geograful persan Gardizi (a.1050), București, 1936.
DECEI A.	Contribution à l'étude de la situation politique des Roumains en Transylvanie au XIIIe et au XIVe siècles, Bucarest, 1940.
DECEI A. et CIOCÎLTAN V.	La mention des Roumains (Walah) chez Al-Maqdisi, "Romano-arabica", 1974.
DELAHAYE H.	Saints de Thrace et de Mésie, "Analecta Bollandiana", XXXI, 1912.
DENSUSIANU O.	Histoire de la langue roumaine, Paris, 1902-1938.
DENSUSIANU O.	Dicționarul etimologic al limbii române, București, 1915.
DESSAU H.	Ueber Zeit und Persönlichkeit der Scriptores Historiae Augustae, "Hermes", XXIV, 1889.
DESSAU H.	Ueber die Scriptores Historiae Augustae, "Hermes", XXVII, 1892.
DIACONU G.	Ueber die Fibel mit umgeschlagenem Fuss in Dazien, "Dacia", XV, 1971.
DIACONU G.	Ueber die scheibgedrechte Keramik, "Dacia", XIV, 1970.
DIACONU G.	L'ensemble archéologique de Pietroasele, "Dacia", XXI, 1977.
DION CASSIUS	Historia romana, édit. Boissevain, Berlin, 1895-1901.
DUFRAIGNE P.	Introduction à Aurelius Victor "Livre des Césars", Paris, 1975.
DUMITRESCU V.	Arta preistorică în România, București, 1974.

DUMITRESCU V.	Arta culturii Cucuteni, București, 1979.
EKREM M.A.	O mențiune inedită despre românii din sec. IX în Oguzname, cea mai veche cronică turcă, "Studii și cercetări de istorie veche și arheologie", XXXI, 1980.
ELCOCK W.D.	The Romance Languages, London, 1960.
ELEKES L.	Die Anfänge der rumänischen Gesellschaft. Versuch einer rumänischen Entwicklungsgeschichte im XIII-XVI Jahrhundert, "Archivum Europae Centro-Orientalis", VII, 1941.
EUTROPE	Abrégé de l'Histoire romaine, édit. Rat, Paris, 1934.
FISCHER I.	Latina dunăreană, București, 1985.
FLORESCU G.	Două monumente epigrafice și problema continuității, "Revista istorică română", 1940.
FLORESCU R. et MICLEA I.	Preistoria Daciei, București, 1980.
FLORESCU R. et MICLEA I.	Geto-dacii, București, 1980.
FORCELLINI E., FULANETTO I., CORRADINI F. et PERIN I.	Totius latinitatis Lexicon, Padova, 1940.
GIURESCU C.C.	Transilvania în istoria poporului român, București, 1967.
GIURESCU C.C.	Formarea poporului român, Craiova, 1973.
GIURESCU C.C. et GIURESCU D.C.	Istoria românilor, I, București, 1975.
GLODARIU I.	Așezarea de la Slimnic, "Acta Musei Napocensis", IX, 1972.
GLODARIU I.	Aspecte ale politicii demografice romane în zona de sud a Transilvaniei, "Acta Musei Napocensis", XIV, 1977.
GOELLNER C.	Mărturii ale umaniștilor sași despre continuitatea și unitatea poporului român,

	"Apulum", VII, 1969.
GRAMATOPOL M.	Artă și arheologie dacică și romană, București, 1982.
GRAMATOPOL M.	Dacia antiqua, București, 1982.
GRAUR A.	Încercare asupra fondului principal lexical al limbii române, București, 1954.
GRAUR A.	A propos de l'article postposé, "Romania", LV, 1929.
GRAUR A.	De nouveau sur l'article postposé, "Revue roumaine de linguistique", 1967.
GUDEA N.	Vasul cu inscripție creștină de la Moigrad, "Acta Musei Porolissensis", III, 1979.
GUILLERMOU A.	Manuel de langue roumaine, Paris, 1953.
GYÓNI M.	La première mention historique des Vlaques des monts Balkans, "Acta Antiqua", I, 1951-1952.
GYÓNI M.	Les sources byzantines de l'histoire des Roumains, "Acta Antiqua", II, 1953-1954.
GYÓNI M.	Les Volochs des Annales primitives de Kiev, "Etudes slaves et roumaines", II, 1949.
GYÓNI M.	L'oeuvre de Kekaumenos source de l'histoire roumaine, "Revue d'histoire comparée", III, 1945.
GYÖRFFY G.	L'origine des Sicules, "Nouvelle Revue de Hongrie", LXVII, 1942.
GYÖRFFY G.	Einwohnerzahl und Bevölkerungsdichte in Ungarn bis zum Anfang des XIV. Jahrhunderts, "Studia Historia", XLII, 1960.
GYÖRFFY G.	Formation d'Etats au IXe siècle suivant les "Gesta Hungarorum" du Notaire Anonyme, "Nouvelles études historiques", XIIe Congrès international des sciences historiques, I, Budapest, 1965.
GYÖRFFY G.	Abfassungszeit Autorschaft und Glaubwürdigkeit der Gesta Hungarorum des anonymen Notars, "Acta Antiqua", XX, 1972.

HANGA V.	Le droit géto-dace dans le volume Gesellschaft und Recht im griechischrömischen Altertum, Berlin, 1969.
HENDERSON B.	Five Roman Emperors A.D. 69-117, Cambridge, 1927.
HOMO L.	Essai sur le règne de l'Empereur Aurélien, Paris, 1904.
HOMO L.	Le siècle d'or de l'Empire romain, Paris, 1947.
HOREDT K.	Unele probleme privind răspîndirea culturii Sîntana de Mureş - Cerneahov, "Studii şi cercetări de istorie veche", VI, 1967.
ILIESCU V.	Părăsirea Daciei în lumina izvoarelor literare, "Studii şi cercetări de istorie veche", XXII, 1971.
ILIESCU V.	Evocatis exinde legionibus. Zu Iord., Rom. 217, "Studii clasice", XIII, 1971.
Les Illyriens et la génèse des Albanais, Travaux de la session des 3-4 mars 1969, Tirana, 1971.	
IONIŢĂ I. et URSACHI V.	Văleni. O mare necropolă a Dacilor Liberi, Iaşi, 1988.
IORDAN I.	Toponimie românească, Bucureşti, 1963.
IORDAN I. et MANOLIU M.	Introducere în lingvistica romanică, Bucureşti, 1965.
IORGA N.	Istoria românilor, III, Bucureşti, 1937.
IORGA N.	La "Romania" danubienne et les barbares au VIe siècle, "Revue belge de philologie et d'histoire", I, 1924.
Istoria limbii române, II, Bucureşti, 1969.	
JOKL N.	Les rapports d'affinité de l'albanais avec les autres langues indo-européennes, "Etudes philologiques", III, 1967.
JORDANES	Romana dans Monumenta Germaniae Historica, V, 1, édit. Mommsen, Berlin, 1882.

JUNG J.	Römer und Romanen in den Donauländern, Innsbruck, 1878.
KEKAUMENOS	Strategikon, édit. Wassiliewski et Jarnstedt, Saint-Pétersbourg, 1896.
KISCH G.	Siebenbürgen im Lichte der Sprache. Ein Beitrag zur Kulturgeschichte der Karpathenländer, Leipzig, 1929.
KNIEZSA I.	Pseudorumänien in Pannonien und in den Nordkarpathen, "Archivum Europae Centro-Orientalis", I, 1935 et II, 1936.
KNIEZSA I.	Zur Frage der gepidisch-rumänischen Symbiose in Siebenbürgen, "Archivum Europae Centro-Orientalis", III, 1937.
de LABRIOLLE P.	L'Eglise et les Barbares dans FLICHE A. et MARTIN V., Histoire de l'Eglise, IV, Paris, 1937.
LASCU N.	Felix, épithète de la Dacie dans le volume Mélanges de philologie, de littérature et d'histoire anciennes offerts à J. Marouzeau, Paris, 1948.
LOMBARD A.	Le verbe roumain, "Acta Reg. Societatis Humaniorum Litterarum Lundensis", LII, 1954-1955.
LOMBARD A.	Destinele latinității orientale, "Ramuri", XIII, 1976.
LOZOVAN E.	Unité et dislocation de la Romania orientale, "Orbis", III, 1954.
LOZOVAN E.	Romains et Barbares sur le Moyen-Danube dans ALTHEIM F., Geschichte der Hunnen, II, Berlin, 1960.
LOZOVAN E.	Byzance et la romanité scythique, ibidem.
LUKINICH E.	(sous la direction de), Zur Geschichte der ungarländischen Rumänen bis zum Jahre 1400, Budapest, 1941.
LUPAȘ I.	Réalités historiques dans le voïvodat de Transylvanie du XIIe au XVIe siècles dans le volume La Transylvanie, Bucarest, 1938.

MACARTNEY C.A. The Magyars in the ninth century, Cambridge, 1968.

MACARTNEY C.A. The Medieval Hungarian Historians, Cambridge, 1953.

MACREA D. Probleme de lingvistică română, București, 1961.

MACREA M. Organizarea provinciei Dacia, "Acta Musei Napocensis", III, 1966.

MACREA M. De la Burebista la Dacia postromană, Cluj, 1978.

MAIOR P. Istoria pentru începutul românilor în Dacia, Budapest, 1812.

MAKKAI L. Histoire de Transylvanie, Budapest-Paris, 1946.

MANSION J. Les origines du christianisme chez les Goths, "Analecta Bollandiana", XXXIII, 1914.

MARINESCU L. Monumentele funerare din Dacia Superior, București, 1977.

MATEI S. et
IAMBOR P. Incinta fortificată de la Cluj-Mănăștur (sec. IX-XIV), "Acta Musei Napocensis", XVI, 1979.

MATEI S. et
IAMBOR P. Observații privind așezările fortificate din Transilvania în perioada feudalismului timpuriu, "Acta Musei Napocensis", XVII, 1980.

MEYER-LUEBKE W. Die lateinische Sprache in den romanischen Ländern, "Grundischer romanischen Philologie", I, Strassburg, 1904-1906.

MEYER-LUEBKE W. Rumänisch, Romanisch, Albanisch, "Mitteilungen des Rumänischen Instituts an der Universität Wien", I, Heidelberg, 1914.

MEYER-LUEBKE W. Romanisches Etymologisches Wörterbuch, Heidelberg, 1935.

MICLEA I. La Colonne, Cluj, 1972.

MICU S. Responsum ad crisim Josephi Caroli Eder,

	édit. I. Pervain et C. Engel, Oradea, 1969.
MIHĂESCU H.	Limba latină în provinciile Dunărene ale imperiului roman, București, 1960.
MIHĂESCU H.	L'influence grecque sur la langue roumaine jusqu'au XVe siècle, Bucarest, 1968.
MIHĂILĂ G.	Imprumuturi vechi sud-slave în limba română. Studiu lexico-semantic, București, 1960.
MILLAR F.	The Emperors in the Roman World (31 B.C.-A.D. 337), London, 1977.
MINEA I.	Originea română a instituțiunii cnezatului la noi, "Cercetări istorice", I, 1925.
MITROFAN I.	Așezări ale populației autohtone, "Acta Musei Napocensis", IX, 1972.
MONTEVERDI A.	Manuale di Avviamento agli studi romanzi. Le lingue romanze, Milano, 1952.
MOURIN L.	Introduction à la morphologie comparée des langues romanes, VI, Ancien roumain, Belgique, 1962.
MUSSET L.	Les invasions. Les vagues germaniques, Paris, 1965.
MUTAFCIEV P.	Bulgares et Roumains dans l'histoire des pays danubiens, Sofia, 1932.
NAEGLER T.	Silva Blacorum et Bissenorum, "Tribuna Sibiului", 531, 1969.
NASTUREL P.	Quatre martyrs de Noviodunum (Scythie Mineure), "Analecta Bollandiana", XCI, 1973.
NASTUREL P.	Les actes de saint Saba le Goth, "Revue des études sud-est européennes", VIII, 1969.
NÉMETH J.	La question de l'origine des Sicules, "Archivum Europae Centro-Orientalis", VI, 1940.
NESTOR I.	Contributions archéologiques, "Dacia", II, 1958.
NESTOR I.	La pénétration des Slaves dans la péninsule balkanique et la Grèce continentale, "Revue

	des études sud-est européennes", I, 1963.
NESTOR I.	Les données archéologiques et le problème de la formation du peuple roumain, "Revue roumaine d'histoire", III, 1964.
NETZHAMMER R.	Aus Rumänien, Einsiedeln, 1909.
NOTAIRE ANONYME	Gesta Hungarorum dans Scriptores rerum hungaricarum, I, édit. Schwandtner, Vienne, 1746.
OLTEANU S.	Realități demografice pe teritoriul Transilvaniei în sec. VIII-X, "Revista de istorie", XXVIII, 1975.
PALADE V.	Atelierele pentru lucrat piepteni din os, "Arheologia Moldovei", IV, 1966.
PAMLÉNYI E.	(sous la direction de), Histoire de la Hongrie, Roanne-Budapest, 1974.
PANAITESCU P.P.	Obștea țărănească în Țara Românească și Moldova, București, 1964.
PARIBENI R.	Optimus Princeps. Saggio sulla storia e sui tempi dell'imperatore Traiano, Messina, 1926.
PÂRVAN V.	Getica, Bucuresti, 1927.
PÂRVAN V.	Contribuții epigrafice la istoria creștinismului daco-roman, București, 1911.
PASCU S.	Voievodatul Transilvaniei, Cluj, 1971-1986.
PASCU S., RUSU M., MATEI S. et autres	Cetatea Dăbîca, "Acta Musei Napocensis", V, 1969.
PATSCH C.	Der Kampf um den Donauraum unter Domitian und Trajan, Wien-Leipzig, 1938.
PETIT P.	La paix romaine, Paris, 1967.
PETRE A.	Contribuția atelierelor romano-bizantine la geneza unor tipuri de fibule digitate din veacurile VI-VII e.n., "Studii și cercetări de istorie veche", II, 1966.
PETRE A.	Quelques données archéologiques concernant la

continuité de la population et de la culture romano-byzantine dans la Scythie Mineure aux VIe et VIIe siècles de notre ère, "Dacia", VII, 1963.

PETRE Z.   L'esercito di Burebista, "Quaderni Catanesi", III, 1982.

PETROVICI E.   Toponimia ungurească în Transilvania medievală, "Transilvania", 74, 1943.

PETROVICI E.   Dovezile filologice ale continuității, "Transilvania", 74, 1943.

PETROVICI E.   Istoria poporului român oglindită în toponimie, București, 1964.

PETROVICI E.   Les éléments sud-slaves orientaux de l'istroroumain et le territoire de formation de la langue roumaine, dans les Actes du 1er Congrès international des études balkaniques et sud-est européennes, VI, Sofia, 1968.

PETROVICI E.   Studii de dialectologie și toponimie, București, 1970.

PIPPIDI D.M.   Intorno alle fonti letterarie del cristianesimo daco-romano, "Revue historique du sud-est européen", XX, 1943.

PIPPIDI D.M.   Les cités grecques de la Dobroudja dans l'histoire de l'Antiquité, Bucarest, 1977.

POGHIRC C.   Irano-daco-romanica, "Studia et Acta Orientalia", VIII, 1971.

POP S.   Grammaire roumaine, Berne, 1948.

POPA-LISSEANU G.   Izvoarele istoriei românilor, I, București, 1934.

POPESCU E.   Inscripțiile grecești și latine din secolele IV-XIII descoperite în România, București, 1976.

POPILIAN G.   Necropola de la Locusteni, București, 1983.

POSNER R.   The Romance Languages. A Linguistic Introduction, New York, 1966.

PRODAN D.	Supplex Libellus Valachorum, București, 1967.
PRODAN D.	Incă un Supplex Libellus românesc (1804), Cluj, 1970.
PROTASE D.	Problema continuității în Dacia în lumina arheologiei și numismaticii, București, 1966.
PROTASE D.	Soporu de Cîmpie. Un cimitir dacic din epoca romană, București, 1976.
PROTASE D.	Autohtonii în Dacia, București, 1980.
PROTASE D.	Considérations sur la romanisation en Dacie, "Marisia", X, 1980.
PUȘCARIU S.	Limba română, București, 1940.
PUȘCARIU S.	Studii istroromâne, București, 1926.
Relations between the autochthonous population and the migratory populations on the territory of Romania, Bucharest, 1975.	
REVILLOUT C.	De l'arianisme des peuples germaniques qui ont envahi l'Empire romain, Paris-Besançon, 1850.
RIEMANN O.	Syntaxe latine, Paris, 1908.
RIZA A.	Concordances lexicales entre éléments roumains anciens et éléments relevant des aires iraniennes et caucasiennes, "Studia et Acta Orientalia", VIII, 1971.
ROESLER R.	Romänische Studien, Leipzig, 1871.
ROSETTI A.	Mélanges de linguistique et de philologie, Copenhague-Bucarest, 1947.
ROSETTI A.	Istoria limbii române de la origini pînă în secolul al XVII-lea, București, 1968.
RUSSU I.I.	Le substrat thraco-dace et illyrien dans le processus de l'ethnogénèse des Roumains, "Revue roumaine d'histoire", IV, 1965.
RUSSU I.I.	Etnogeneza românilor, București, 1981.
RUSU M.	Castrum, urbs, civitas (cetăți, și "orașe" transilvănene din sec. IX-XIII), "Acta Musei

	Napocensis", VIII, 1971.
RUSU M.	Aspecte ale relațiilor dintre romanitatea orientală și slavi, "Acta Musei Napocensis", XVI, 1979.
RUSU M.	Les formations politiques roumaines et leur lutte pour l'autonomie, "Revue roumaine d'histoire", XXI, 1982.
RUZÉ A.	Denys le Petit inventeur de l'ère chrétienne, "Monde & Vie", 15 janvier 1988.
RUZÉ A.	Nos cousins les Roumains, "L'Express", 12 novembre 1988.
SACERDOȚEANU A.	Elemente de unitate și continuitate în istoria medievală a românilor dans le volume Unitate și continuitate în istoria poporului român, București, 1963.
SACERDOȚEANU A.	Les études de D. Onciul sur quelques anciennes institutions roumaines, "Revue roumaine d'histoire", XII, 1973.
SACERDOȚEANU A.	Considerații asupra istoriei românilor în evul mediu, București, 1936.
SALMON E.T.	A History of the Roman World from 30 B.C. to A.D. 138, London, 1963.
SANDFELD K.	Linguistique balkanique, problèmes et résultats, Paris, 1930.
SANDFELD K. et OLSEN H.	Syntaxe roumaine, Paris-Copenhague, 1936-1962.
SAVI-LOPEZ P.	Le origini neolatine, Milano, 1920.
SAYOUS E.	Histoire générale des Hongrois, Budapest-Paris, 1900.
SCHUSTER F.	Herzog Ramunc aus dem Walachenland, "Südost Forschung", XI, 1946-1952.
SIADBEI I.	Sur les plus anciennes sources de l'histoire des Roumains dans Mélanges Bidez, II, Bruxelles, 1934.
Siebenbürgen,	Budapest, 1940.

SOTROPA V.	Coutumes pré-romaines dans l'ancien droit roumain, "Revue roumaine d'histoire", XIX, 1980.
STADTMUELLER G.	Forschungen zur albanischen Frühgeschichte, "Archivum Europae Centro-Orientalis", VII, 1941.
STADTMUELLER G.	Geschichte Südosteuropas, München, 1976.
STĂNESCU E.	Byzantinovlachica, "Revue des études sud-est européennes", VI, 1968.
STĂNESCU E.	Les Vlachoi de Kinnamos et Choniates et la présence militaire byzantine au nord du Danube sous les Comnènes, "Revue des études sud-est européennes", IX, 1971.
STĂNESCU F.C.	Considerații privitoare la posibile semnificații astronomice ale altarului de la Sarmizegetusa Regia, "Acta Musei Napocensis", XXII-XXIII, 1985-1986.
STERN H.	Date et destination de l'Historia Augusta, Paris, 1953.
STOICESCU N.	Continuitatea românilor, București, 1980.
STOICESCU N. et HURDUBEȚIU I.	Continuitatea daco-romanilor în istoriografia română și străină, București, 1984.
STROBEL K.	Untersuchengen zu den Dakerkriegen Trajans, Bonn, 1984.
SULZER F.-J.	Geschichte der transalpinischen Daziens, Wien, 1781-1782.
SYME R.	Ammianus and the Historia Augusta, Oxford, 1968.
SYME R.	Emperors and Biography. Studies on the Historia Augusta, Oxford, 1974.
SYME R.	Historia Augusta papers, Oxford, 1983.
SZÜCS J.	Theoretical Elements in Master Simon of Kéza's Gesta Hungarorum (1282-1285 A.D.), "Etudes historiques hongroises 1975", I, 1975.

TAGLIAVINI C.	Le origini delle lingue neolatine, Bologna, 1952.
TAMÁS L.	Romains, Romans et Roumains dans l'histoire de la Dacie trajane, "Archivum Europae Centro-Orientalis", I, 1935 et II, 1936.
TAMÁS L.	Roumanie-Hongrie, "Nouvelle revue de Hongrie", juillet 1939.
TEODOR D.G.	Teritoriul est-carpatic în veacurile V-XI e.n., Iași, 1978.
THEODORESCU R.	Bizanț, Balcani, Occident la începuturile culturii medievale românești, București, 1974.
TOROPU O. et STOICA O.	La nécropole préféodale d'Obîrșia, "Dacia", XII, 1968.
TRYNKOWSKI J.	Urmările demografice ale cuceririi Daciei de către romani, "Acta Musei Napocensis", XIII, 1976.
TUDOR D.	Sucidava, Craiova, 1974.
TUDOR D.	Decebal și Traian, București, 1977.
VASILIU E.	Fonologia limbii române, București, 1965.
VASMER M.	Russisches Etymologisches Wörterbuch, II, Heidelberg, 1958.
VIDOS B.E.	Manual de lingüística románica, Madrid, 1963.
VLASSA M.	Un cimitir de incinerație de la sfîrșitul veacului III de la Iernut, "Studii și cercetări de istorie veche", I, 1962.
VRABIE E.	Linguistic aspects of the Question of the Romanian Continuity in Dacia. A critical Study, "Revue roumaine de linguistique", XXVI, 1981.
VRACIU A.	Limba daco-geților, Timișoara, 1980.
VULPE R.	Istria, Tomis, Callatis, București, 1966.
VULPE R.	Considérations historiques autour de l'évacuation de la Dacie par Aurélien,

	"Dacoromania", I, 1973.
VULPE R.	Colonies et municipes de la Mésie inférieure dans le volume Studia thracologica, Bucarest, 1976.
VULPE A. et ZAHARIADE M.	Geto-Dacii în istoria militară a lumii antice, București, 1987.
von WARTBURG W.	Les origines des peuples romans, Paris, 1941.
WEIGAND G.	Albanische Einwanderung in Siebenbürgen, "Balkan Archiv", III, 1927.
ZAHARIA B.	Sources archéologiques de la continuité daco-romaine, "Apulum", XII, 1974.
ZAHARIA E.	Săpăturile de la Dridu. Contribuții la arheologia și istoria perioadei de formare a poporului român, București, 1967.
ZAHARIADE M.	Moesia Secunda, Scythia și Notitia Dignitatum, București, 1988.
ZEILLER J.	Les origines chrétiennes dans les provinces danubiennes de l'Empire romain, Paris, 1918.